TED TALKS

スーパープレゼンを学ぶTED公式ガイド

The Official TED Guide
to Public Speaking

TED代表
クリス・アンダーソン
関 美和 訳

日経BP社

TED TALKS

Prologue

The New Age of Fire

プロローグ

新時代のキャンプファイア

会場が暗くなる。女性がステージに上がっていく。手に汗がにじみ、足が少し震えている。彼女の顔にスポットライトが当たり、1200人の目が一点に集まる。彼女の緊張を、観客も感じとる。会場のテンションは高まっていく。彼女は軽くせき払いをし、話しはじめる。

すると、ありえないことが起きる。

1200人の観客の頭脳が、奇妙な動きをはじめる。一斉にシンクロし出すのだ。女性が紡ぎ出す魔法の言葉が、一人ひとりに染みていく。観客は一緒に息をのむ。一緒に笑う。一緒にすすり泣く。そうしているうちに、また別のことが起きる。話し手の脳神経に記録された豊かな情報が、1200人の聴衆の脳にそのまま転写されていく。この情報は一生、聞き手の脳内に刷り込まれ、ずっと先の行動にも影響を与え続ける。

ステージに立つ女性が紡ぎ出すのは、奇跡だ。マジックじゃない。でもその力は、魔法のように強く、いつまでも衰えない。

アリは化学物質を放出して、仲間の行動を形づくる。僕たち人間は、お互いの前に立ち、お互いの目をのぞき込み、手を振って、口から奇妙な音を発することで、お互いの行動を形づくっている。人と人とのコミュニケーションは、この世界の本物の奇跡だ。僕たちは毎日無意識に奇跡を起こしている。そして、人前に立ったとき、それがもっとも強烈な形で現れる。

この本の目的は、力のあるスピーチがどう奇跡を呼ぶのかを説明し、そのための武器をあなたに提供することだ。だけど、はじめに言っておきたいことがある。

優れたトークにこれというひとつの型はない、ということだ。知識の世界はあまりに広く、登壇者も、観客も、話す環境もさまざまだ。ひとつの方程式をあてはめようとすれば、おそらく逆効果になる。聞き手はそれを見抜き、操られていると感じてしまう。

実際、一度うまくいった方程式があっても、いつまでもうまくいくとは限らない。なぜなら、新鮮さこそ、優れたトークの魅力だからだ。僕らは人間だ。使い古しは好きじゃない。前にどこかで聞いたことのあるトークは心に残らない。手垢のついたフレーズや、だれかのパクリは絶対に聞きたくない。

だから、この本のアドバイスを、ひとつの型にはめるための「ルール」だと思ってほしくない。逆に、変化を生むための「ツール」だと思ってほしい。その中で、みなさんに合うものを、またそのスピーチに最適なものを使ってもらえばいい。あなたの仕事は、なにか価値のあることを、あなたにしかできないやり方で語ることだ。

でも、やってみると意外と自然にできるかもしれない。パブリックスピーキングは古代から続く芸術で、僕らの心の奥深くに根をはっている。いにしえの昔から、僕らの祖先は火の周りに集まり、そこがコミュニティの集会所になっていた。地球上のあらゆる文化で、言語が発達するにつれ、人々は物語と、希望と、夢を語るすべを身につけてきた。

こんな場面を想像してほしい。夜のとばりが降りたあと。かがり火が煌々と燃えている。輝く星空の下、たきぎがパチパチと音をたてる。長老が立ち上がると、皺《しわ》だらけの賢者の顔にチロチロと明かりが映り、全員の目がその顔にくぎづけになる。そして物語りが始まる。語り部が語り、聞き手はみな、その場面を思い浮かべる。物語りの登場人物の感情が、人々の心にのり移る。それは深く力強いプロセスだ。いくつもの心がひとつになって、ある意識を共有するようになる。キャンプファイアに集まった人たちが、ある時間だけ、まるでひとつの生命体のように振る舞う。共に立ち上がり、共に踊り、共に歌う。それをきっかけに、共に行動し、共に旅し、共に闘い、共になにかを築き、共に祝いたいと願うようになる。

それは今でも変わらない。リーダーや活動家のスピーチは、共感を生み、興奮をかき立て、知識と洞察を共有し、同じ夢を追いかけるカギになる。

話し言葉は今まさに、新しい力になっている。

僕たちのキャンプファイアは、全世界に広がった。インターネットのおかげで、ある場所でのあるトークが、数百万人の目に届く。印刷機が書き手の力を何倍にも増幅したように、ウェブは話し手の力を世界中に拡大する。オンラインにアクセスできれば、どこでもだれでも（そして10年以内に地球上のほとんどすべての村がつながって）世界一の教師を自宅に呼び、直接学ぶことができる。いにしえの伝承が、世界中で起きるのだ。

今、パブリックスピーキングに革命が起きている。長く退屈な大学の講義。教会での果てしない説教。金太郎あめのような政治家のスピーチ。これまでずっと、それは僕らの苦痛の種だった。でもそうじゃないやり方があってもいいはずだ。

優れたトークは、部屋にビリビリと電流を走らせ、聞く人の世界観を変えられる。優れたトークはどんな書き言葉よりも強力だ。ライティングは僕らに言葉を与えてくれる。スピーキングはまったく新しい道具箱を与えてくれる。話し手の目をのぞき込むとき、その声のトーンに耳を傾けるとき、話し手の脆さを感じ、知性を感じ、情熱を感じるとき、僕らはいにしえの昔から磨いてきたスキルを知らず知らずのうちに使っている。

しかも僕たちは、古代の人たちには思いもよらない方法でこのスキルを強化できる。今では写真や空想を、美しく鮮明な画像で、その場で見せられる。動画や音楽を取り入れられる。スマートフォンを通して、古今東西のあらゆる知恵を借りることだってできる。

幸い、こうしたスキルはだれでも身につけられる。かならずできる。ということは、若者にも老人にも、どんな人にも役立つ、これまでにないスーパーパワーが存在するということだ。それが「プレゼンテーション・リテラシー」だ。今の時代、世界に足跡を残すためには、もう編集者に手紙を書いたり、本を出版したりする必要はない。ただ立ち上がって、なにかを言うだけでいい。その言葉と情熱は、超光速で世界に広がる。

21世紀には、すべての学校でプレゼン・リテラシーを教えるべきだ。実際、本が生まれる前は、それが教育の中心だった。昔風に言えばレトリック（修辞法）だ。つながり合った今の時代に、僕らはこの尊い技術を復活させて、それを教育の4つ目の柱にしなくてはならない。読み、書き、そろばん、そしてレトリックだ。

レトリックとはもともと、「効果的な話し方」という意味でしかない。基本的には、それがこの本の目的だ。今の時代に合わせて、レトリックをつくり直すこと。そして、新しいプレゼン・リテラシーを身につけるための道具を提供することだ。

僕たちのこの5年間のＴＥＤの経験は、きっとそのヒントになる。ＴＥＤは、テクノロジー、エンタテインメント、デザインの3分野を結び付ける、年に一度のカンファレンスとして始まった。最近では分野を拡大して、みんなが興味を持つトピックならなんでも取り上げるようになってきた。ＴＥＤの登壇者は、専門家ではない観客に自分のアイデアを伝えようと、短いトークを念入りに準備してくる。うれしいことに、この形式がオンラインにぴたりとはまり、２０１５年には、ＴＥＤトークの再生回数は年間10億回を超えた。

僕と仲間たちは、何百人もの講演者と共に、メッセージをつくり上げ、それを伝える手助けをしてきた。この驚くべき登壇者たちが、僕らの世界観を根底から変えてくれた。そしてこの10年間、登壇者が具体的にどうやってそれをやり遂げたのかを、僕らの中で熱っぽく議論してきた。リングサイドの最前列で観戦してきた僕たちは、好奇心を刺激され、カンカンに怒り、知識を教わり、インスピレーションを授かった。その上、見事なトークをどう準備して届けたらいいかを、じきじきに教わる機会にも恵まれた。その優れたアドバイスのおかげで、彼らがほんの数分の間にどうやってそんなすごいことができたのかが、僕たちにもだんだんわかってきた。

この本は、そんなコラボレーションの賜物《たまもの》だ。講演者と、優秀なTEDの仲間たちの協力で、この本ができた。特に、僕と一緒にメインのTEDイベントを企画運営してくれているケリー・ストーゼル、ブルーノ・ジウサーニ、トム・ライリーの3人は、長年チームの中心となってTEDトークの手法と形式を開発し、このプラットフォームに非凡な講演者を招き入れてきた。自主的に開催される何千というTEDxイベントもまた、集合知を生み出してきた。ここから生まれるコンテンツは、僕らを驚かせ、楽しませ、パブリックスピーチの可能性を改めて教えてくれている。

TEDの使命は、力のあるアイデアを広め育むことだ。それができれば、TEDでも、TEDx*でも、その他の形でもかまわない。他のカンファレンスでTED形式のトークが取り入れられると、とてもうれしくなる。だって、アイデアはだれかの持ち物ではないから。アイデア自身に命がある。現代のパブリックスピーキングの革命が、どこで起きていようが、だれが起こしていようが、僕たちにとってはうれしいことなのだ。

だから、この本の目的はTEDトークの方法を教えることだけじゃない。それよりはるかに広いものを、この本は目指している。それは、ありとあらゆる形のパブリックスピーキングを手助けすること、つまり、ビジネスで、教育の場で、公の場面で、説明したり、刺激したり、情報を提供したり、説得したりするのを助けることだ。もちろん、事例の多くはTEDトークから持ってきたが、馴染みがあるからそうしたわけじゃない。このところ大きな興奮を呼んできたTEDトークには、より広いパブリックスピーキングに役立つなにかがあるからだ。その根底に流れる法則は、広い意味での「プレゼン・リテラシー」の確かな土台になるはずだ。

というわけで、結婚式の祝辞や、営業トークや、大学の講義のヒントはここにはない。そのかわり、そうした場でも、実はどんなスピーチにも役に立つツールと知見がここにはある。なにより、読者のみなさんがパブリックスピーキングを人の心を動かす力だと考えるようになることを願っている。

いにしえのキャンプファイアは、新しいタイプの火になった。それは、人の心から心へ、スクリーンからスクリーンへと広がり、旬のアイデアに火をつけている。

思い出してほしい。人がアイデアを分かち合い、互いに協力してそれを実現することで、人

＊TEDxでは、現地の組織が無料のライセンスを受けてTEDのようなイベントを開催できる。世界中で毎日8つから9つのTEDxが開催されている。

類は意味のある進歩を遂げてきた。僕らの祖先が力を合わせてマンモスを倒したときからニール・アームストロングが月に一歩を降ろしたときまで、人間は口にした言葉を驚くべき成果に変えてきた。

今、どんな時代よりもそれが必要だ。もっとも難しい問題を解決に導けるアイデアが、埋もれたままになっている。それは、素晴らしいアイデアを持っているのに自信がなかったり、そのアイデアをうまく伝えたりするノウハウがないからだ。

そんなのは、もったいなさすぎる。今なら、優れたアイデアをうまく世に出せば、それは光速で世界中に広がり、数百万人の心に焼きつけられる。だから、アイデアを送り出す最高の方法を見つけ出せたら、これから話しはじめるあなたにとっても、その話を心待ちにしている僕たちにとっても、すごく役に立つはずだ。

準備はいい？

さあ、一緒に火をつけに行こう。

2016年2月

クリス・アンダーソン

目 次

考察
Reflection

基本

Foundation

1	プレゼンテーション・リテラシー **Presentation Literacy** プレゼンのスキルは、だれでも身につけられる
2	アイデアを築く **Idea Building** 優れたトークは贈り物だ
3	よくある落とし穴 **Common Traps** 4つのNG
4	スルーライン **The Throughline** それで、なにが言いたいの？

1 Foundation

Presentation Literacy

プレゼンテーション・リテラシー

プレゼンのスキルは、だれでも身につけられる

緊張してる？　それが普通だ。

ステージに上り、何百人もの目が自分に向いたら、身がすくんでしまう。会社のミーティングでも、前に立ってプロジェクトの発表をするのが恐ろしくて仕方ない。緊張して言葉につまったらどうしよう。しゃべることを全部忘れてしまったら？　みんなの前で恥をさらしてしまうかも。キャリアに傷がつくかも。自分のアイデアが一生日の目を見ないかも。

そう考えると、眠れなくなってしまう。

でも、どうだろう。人前で話すのが恐ろしくない人なんていない。実際、アンケートによると、こわいものの堂々第一位は、人前でのスピーチだ。ヘビよりも、高い所よりも、なんと死よりも、人前で話すほうが怖いのだ。

では、どうして？　マイクの後ろに毒グモが隠れてるわけじゃない。ステージから落ちて死んだりしない。観客が熊手で襲ってくることもない。

じゃあ、なぜそんなに怖いんだろう？

それは、失うものが大きいからだ。その瞬間の経験だけでなく、もっと長い目で見た自分の評判が、そこにかかっているからだ。他人にどう見られるかは、僕らにとって一大事だ。人間はどうしようもなく社会的な生き物だから。僕らは喉から手が出るほど、お互いの愛と尊敬、支えを欲しがっている。驚くほどに、それが幸せの基準になっている。そして、大勢の人前に出たときの自分の姿が、よくも悪くも人づきあいに大きく影響することを、僕らは感じとっている。

だけど、心がけ次第で、恐怖を価値ある資産に変えることもできる。恐怖をバネにして、見事なトークを準備することもできるのだ。

モニカ・ルインスキーがＴＥＤにやってきたときがそうだった。彼女にとって、これは大きな賭けだった。17年前、彼女はありえないほどの辱めを受け、あまりの屈辱に壊れかけた。今それを自分の言葉で語るため、彼女は人目にさらされる舞台に戻ろうとしていた。

といっても、彼女にパブリックスピーキングの経験はなく、失敗したら悲惨なことになると知っていた。彼女は僕にこう言った。

ナーバスなんてものを通り越してました。手足がガクガクして止まらなくなって。恐怖で震えがきて。不安でぴりぴりしていました。もしあの緊張を電気に変えられたら、世界のエネルギー危機がなくなるのにと思ったくらいです。地位も名誉もある優秀な人たちの前に出るだけじゃなくて、その動画が公開されて、おそらく世界中の人に見られるわけですから。これまで長い間、世間で笑い物にされてきたトラウマがよみがえってきました。自分はTEDの舞台に立つ価値のない人間だという不安がどうしても離れませんでした。そんな自分の心と闘っていました。

そして、モニカはその恐怖をエネルギーに変えた。15章で紹介するが、彼女は意外なテクニックを使った。ここでは、それが成功したとだけ言っておこう。観客はそのトークに総立ちの拍手を送り、数日もしないうちに動画の再生回数は100万回を超え、オンラインで絶賛された。彼女をそれまで批判してきたフェミニスト作家のエリカ・ジョングは、公に謝罪したほどだった。

僕の妻のジャクリーン・ノボグラッツもまた、パブリックスピーキングを死ぬほど怖がっていた。子供の頃も、大学でも、20代になっても、マイクと人の目を考えただけで落ち込んでしまうほどだった。それでも、貧困との戦いを前進させるには周囲を説得しなければならず、あえてスピーチを引き受けるようになった。今では毎年数えきれないほどのスピーチをこなし、スタンディングオベーションを受けることも多い。

実際、スピーチを死ぬほど恐れていた人が、努力の末に達人になったという話にはことかかない。エレノア・ルーズベルトも、ウォレン・バフェットも、ダイアナ妃もそうだ。「恥ずかしがりやのD」と呼ばれ、スピーチ嫌いで有名だったダイアナ妃も、そのうちに自分自身の言葉でかしこまらずに語るようになり、世界に愛された。

トークがうまく刺さると、思いがけない可能性が開けることもある。2008年8月2日にイーロン・マスクがスペースXの社員に語った言葉は、そのいい例だ。

マスクは特にスピーチが得意なわけじゃない。けれどその日の彼の言葉は、スペースXの重要なターニングポイントになった。スペースXはそれまですでに二度の打ち上げに失敗していた。この日が三度目の打ち上げで、失敗すれば会社がつぶれかねないことを全員が知っていた。ロケットのファルコンは発射台から勢いよく上昇したが、第一段階の切り離し直後に悲劇に襲われた。ロケットは爆発した。通信スクリーンは真っ暗になった。集まっていた350人近い社員の中に、絶望的な雰囲気が漂っていたと人事部長のドリー・シンは言う。そこにマスクが現れて、社員に話しはじめた。マスクはこう言った。難しいのははじめからわかっていたし、失敗はしたけれど、スペースXは今日、他の企業はもちろんのこと、ほとんどの国家にさえできなかったことを成し遂げた。打ち上げの第一段階に成功し、ロケットを大気圏外に運んだのだ。ここでもういちど自分たちを立て直し、仕事に戻ろう、と。

そのスピーチのクライマックスを、シンはこんな風に語ってくれた。

その時点で20時間以上も起きていたイーロンが、ありったけの闘志をふり絞って、ものすごい迫力でこう言ったんです。

「僕は、絶対にあきらめない。絶対に」。そのあと、私たちのほとんどが、喜んで彼と一緒に地獄の門をくぐる気になっていました。あれほどリーダーシップに感動したことはありません。その瞬間、会社の雰囲気は、絶望と敗北感から決意と興奮の嵐に変わり、みんな後ろを振り返らずに前だけを見つめはじめたんです。

たった一度のトークに、これほどの力がある。組織のリーダーでなくても、トークは新しい扉を開き、キャリアを180度変えることができる。

僕たちは、TEDの登壇者からトークの影響についてうれしい話をたくさん聞いてきた。本の執筆や映画のオファー、高額の講演料、そして思いがけない金銭支援の申し出。でも、なによりも感動するのは、アイデアが広まってだれかの人生が変わったという話だ。エイミー・カディは、ボディランゲージを変えると中身も変わるというトークで、話題になった。これまでに世界中から、彼女の知恵がどれほど役に立ったか知らせるメッセージを1万5000通も受け取っている。

そして、アフリカのマラウイに住む少年発明家ウィリアム・カムクワンバは、14歳で村に風車を立てたトークをきっかけにさまざまな出来事を経験し、ダートマス大学に入学してエンジニアリングを学べることになった。

TEDは死ぬかもしれなかった

僕の人生の話をしよう。2001年の終わりにTEDを引き継いだとき、僕はその前に15年かけて築いた会社の破たんから立ち直ろうとしていて、また大失敗をやらかしてしまうんじゃないかと死ぬほど恐れていた。TEDへの僕のビジョンを支援してもらえずに、このイベントの火が消えてしまうのではないかと心配だった。

当時のTEDは、年に一度カリフォルニアで開催されるカンファレンスで、主催者はリチャード・ソール・ワーマンというカリスマ建築家だった。彼の存在感がカンファレンスの隅々にまで感じられていた。毎年800人ほどが参加していたが、参加者の大半は、ワーマンが抜けたらTEDは終わりだろうとあきらめていたように思う。ワーマンが主催する最後のTEDになった2002年2月のカンファレンスは、僕がこれからTEDをうまく運営していけると参加者に訴える、たった一度のチャンスだった。でも、僕はそれまでにカンファレンスを運営した経験はなく、翌年のイベントを売り込もうとそれまで何カ月も必死に努力していたけれど、登録してくれたのはたった70名だった。

そのカンファレンスの最終日の朝早く、僕が自分の力を証明するために与えられた時間は15分だった。ここで言っておこう。僕は話のうまいタイプじゃない。「うーん」とか、「だから」とか、しょっちゅう挟んでしまう。文章の途中でいい言葉を探そうとして立ち止まってしまう。

話しぶりは真面目すぎ、穏やかすぎ、概念的すぎる。イギリス風のひねった冗談はたいてい通じない。

僕はあまりに緊張して、舞台の上でぎこちなく見えるんじゃないかと心配でたまらず、立って話すこともできないありさまだった。そこでステージの奥から椅子を引っ張り出して、腰かけて話しはじめた。

その時のことを思い出すと、本当に恥ずかしくなる。穴があったら入りたいくらいに。今なら変えたいことがたくさんある。しわしわの白いTシャツなんてありえない。

だけど。僕は言いたいことを念入りに準備していたし、TEDの存続を心底願っている参加者が少なくとも一部にはいることも知っていた。その支援者たちに熱狂できる理由を与えられれば、おそらく彼らが状況をいい方向に変えてくれるはずだ。ドットコムバブルの崩壊で、参加者の中にも僕と同じように事業を失った人も多かった。その部分で彼らと通じ合えるかもしれないと思った。

僕は心の底から、できるだけ率直に、信念をかき集めて話した。事業で大失敗したばかりだということ。自分を完璧な負け犬だと思っていること。そんな自分にとって、アイデアの世界に没頭することがただひとつの生き残りの手段だったこと。そして、TEDが僕にとって世界のすべてになったこと。ありとあらゆる分野のアイデアを共有できる場は、ここにしかないこと。TEDのいちばんいいところを残していくために、全身全霊をかけて力を尽くすこと。それに、これまでにものすごい感動と学びをもたらしてくれたＴＥＤを、死なせるわけにいかないこと。

それから、フランスのドゴール大統領夫人の逸話で、笑いもとった。ある外交行事で、ドゴール夫人が「ア・ペニス」を所望して、招待客を驚かせたという話だ。つまり、英語だと「ハピネス」。ＴＥＤは僕に純粋なハピネスを与えてくれた。

僕のトークが終わると、客席の真ん中に座っていたアマゾンのジェフ・ベゾズが立ち上がり、手を叩きはじめた。すると全員が立ち上がった。ＴＥＤコミュニティ全体がその瞬間、ＴＥＤの新しい門出を支えると決めたようだった。そのあとの1時間の休憩の間に、２００名近くが翌年のカンファレンスに登録した。成功が保証されたのだ。

その15分のトークに失敗していたら、ＴＥＤは死んでいたはずだし、それから4年後にインターネットでＴＥＤトークを公開することもなかっただろう。この本もなかったはずだ。

次の章では、明らかにぎこちなかった僕のトークがなぜうまくいったのかを書いてみる。どんなトークにも使えるヒントがそこにある。

人前で話すことにまったく自信のないあなたも、自分を変えるためにできることがある。パブリックスピーキングの能力は、一握りの人だけに与えられた生まれつきの才能じゃない。それは一連の幅広いスキルだ。スピーチにはさまざまな方法があり、だれでもが自分に合ったやり方を見つけて、上手に話す技術を身につけられる。

ライオンの心を持つ少年

数年前、TEDのコンテンツディレクターを務めるケリー・ストーツエルと僕は、新しい講演者を探しに世界中を回ることにした。僕らはケニアのナイロビで、驚きの発明をしたリチャード・テュエレという12歳のマサイ族の少年に出会った。彼の家族のいちばんの悩みは、どうしたら夜にライオンの攻撃から家畜を守れるかだった。リチャードは、動きのないキャンプファイアだとライオンは怖気づかないけれど、たいまつを振りながら歩くとライオンが寄ってこないことに気づいた。ライオンは動く灯りに弱いんだ！

リチャードは親のラジオを分解して部品をいじりながら、独学で電子工学を学んだ。その知識を使って、灯りが順番についたり消えたりして、動いているように見える照明装置をつくった。ゴミ捨て場から、太陽光パネルや、自動車のバッテリーや、バイクのインジケーターといった部品を拾ってきて、組み立てたのだ。

その照明を取りつけたとたん、ライオンの攻撃はやんだ。リチャードの発明の噂は広まり、他の村もその装置を欲しがった。これまでライオンを殺していた人たちも、リチャードの「ライオン除けライト」をとりつけた。家畜を守りたい村人も、ライオンを守りたい人も、どちらも満足だった。

彼はすごいことをやってのけたけれど、TEDの登壇者としてはかなり異例だった。背中を丸めて部屋の隅に佇み、恥ずかしさで消え入りそうになっていた。英語はたどたどしく、自分の発明をきちんと説明できなかった。カリフォルニアのステージで、セルゲイ・ブリンやビル・ゲイツと並んで１４００人の観客に話す姿は想像できなかった。

でも、そのストーリーには強い説得力があったので、僕たちはとりあえずリチャードにＴＥＤで話してもらうことにした。ＴＥＤカンファレンスの前に数カ月かけて、彼と一緒にストーリーを構成していった。いい出だしを見つけて、自然な話の流れをつくっていった。リチャードはあの発明のおかげでケニアの一流校から奨学金をもらい、その学校で聴衆を前に何度かＴＥＤトークの練習ができた。そこで自信をつけて、自分らしさを出せるまでに上達した。

リチャードは生まれてはじめて飛行機に乗り、カリフォルニアのロングビーチにやってきた。ＴＥＤのステージに上ったリチャードが緊張しているのは、だれの目にも明らかだったけれど、それが一層彼の魅力を引き立てていた。リチャードが話しはじめると、人々は彼のひとこと、ひとことに聞き入り、彼が微笑むたびに、聞き手の心はとろけた。彼が話し終えると、人々は立ち上がって声援を送った。

リチャードの例は、どんな人でもそれなりにいいトークができると思わせてくれるものだ。ウィンストン・チャーチルやネルソン・マンデラが目標じゃない。自分らしくあることが目標だ。科学者なら、科学者のままでいい。活動家になろうとしなくていい。アーティストなら、アーティストのままでいい。学者になろうとする必要はない。普通の人は、なにかすごい知識人のふりなんかしなくていい。自分自身であればいい。大演説をぶって、観客を総立ちにさせる必要はない。普通に話しかけるだけで十分だ。実際、ほとんどの聞き手にとっては、そのほうがずっといい。夕食の席で何人かの友達に話ができれば、人前でもスピーチできる。

それに、テクノロジーが新しい可能性を開いてくれている。今の時代なら、数千人の前で話さなくても、世界に大きなインパクトを与えられる。ビデオカメラに向かって親しげに話せれば、あとはインターネットがやってくれる。

プレゼンテーション・リテラシーは、限られた人たちが持つぜいたく品じゃない。それは、21世紀に欠かせないスキルだ。自分がなにもので、なにが大切かを伝えるための、いちばん効果的なツールだ。それを身につければ、自信は花開き、なにを目指すにしろ人生の成功に役立ってくれるはずだ。

自分らしくあることを貫けば、人間に深く刷り込まれたいにしえの技をかならず発見できる。あとはただ、勇気を出してやってみるだけだ。

2

Foundation
Idea Building

アイデアを築く

優れたトークは贈り物だ

２０１５年3月、ＴＥＤに登壇した科学者のソフィー・スコットは、2分もたたないうちに観客全員を笑いの渦に巻き込んでいた。ソフィーは世界的に有名な「笑い」の研究者で、人が笑っている動画を見せながら、それがどれほど「奇妙な」現象かを教えてくれていた。いわく、「スピーチというより、動物の鳴き声ね」

17分のトークはただただ楽しかった。話が終わる頃には、みんなが心の底から温かい気持ちに包まれていた。でも、それとは別のなにかがあった。その場にいた全員が、「笑い」をこれまでと同じように考えることはもうない。社会的なストレスを楽しいものに変えることが進化の上で必要だったという、笑いについてのソフィーの理論が、僕らの頭の中に刷り込まれてしまったからだ。今では人々が一緒に笑っているのを見るたびに、僕は新しい視点でその現象を見ている。もちろん、自分も楽しくなって仲間に入りたくなる。でも、そこにまた社会的なつながりを見てとり、奇妙な大昔の生物学的現象が働いている様子を目にして、そのすべてに一層自然の奇跡を感じてしまう。

ソフィーは僕に贈り物をくれた。話を聞く喜びだけじゃない。永遠に僕の一部になるアイデアをくれたのだ。*

ソフィーの贈り物は、どんなトークにも当てはまる完璧なたとえだと思う。講演者のいちばんの使命は、自分が心の底から大切にしている「なにか」を取り出して、聞き手の心の中にそれをもう一度築き上げることだ。その「なにか」を、僕らはアイデアと呼ぶ。人々が拠りどころにし、持ち帰り、価値を見出し、ある意味で人生を変えるような概念だ。

僕にとってこれまでいちばん怖かったスピーチがうまくいった理由もそこにある。さっき説明したように、僕は15分で、新生TEDを支持してもらうよう参加者を説得しなければならなかった。あのトークにはたくさんだめなところもあったけど、ある大切な面では成功だった。聞き手の心の中に、アイデアを植え付けたのだ。そのアイデアとは、TEDの本当の価値は、創立者だけじゃないということだ。TEDは、あらゆる分野の人が集まってお互いを理解できる、唯一無二の場所だった。この異分野の交流が世界のためにいちばん大切で、だからこそ、このカンファレンスは非営利の認証を受け、公益のために信託化されていた。そのTEDの未来は僕らみんなのものだった。

*もちろん、ソフィー・スコットのアイデアは今後の研究によって変わるかもしれないし、矛盾が出るかもしれない。その意味で、アイデアはいつも仮定のものだ。でも、アイデアがいったん頭に刷り込まれると、それを同意なしに取り上げることはだれにもできなくなる。

このアイデアが、ＴＥＤの移行についての参加者の考え方を変えた。創立者がいなくなることは、もうたいした問題じゃなかった。今大切なのは、知識を分かち合う場をどう守るかだったのだ。

アイデアからはじめる

この本は、価値あるアイデアを持つ人なら、だれでも力のあるトークができることを大前提にしている。パブリックスピーキングで本当に大切なのは、自信でも、存在感でも、口のうまさでもない。「語る価値のあるなにか」を持っていることだ。

僕はここで、「アイデア」という言葉をかなり広い意味で使っている。科学的なブレークスルーでなくてもいいし、天才の発明でなくてもいいし、複雑な法律理論でなくてもいい。単純なハウツーでもいい。力強いストーリーが描き出す人間の洞察でもいい。なんらかの意味のある美しい画像でもいい。将来起きてほしい出来事でもいい。人生でいちばん大切なことを思い出させてくれるものでもいい。

世界の見方を変えてくれるものはなんでも、「アイデア」だ。人の心の中に説得力のあるアイデアを植え付けられたら、奇跡を起こしたことになる。それは、お金で買えないほど価値のある贈り物になる。本当の意味で、あなたの一部が彼らの一部になったということだから。

あなたには、もっと多くの人に聞いてもらうべきアイデアがあるだろうか？

この質問に間違った答えを出してしまう人は、驚くほど多い。多くの講演者（だいたい男性）は、自分の声が好きでたまらないらしく、たいして価値のないことを何時間でも喜んで語り続ける。その一方で、多くの人（だいたい女性）が自分の作品や学びや洞察の価値を過小評価している。

もしあなたが、ステージを歩き回ってTEDのスターになり、そのカリスマ性で聴衆を魅了する自分を想像してこの本を手に取ったなら、今すぐ本を置いてほしい。伝える価値のあるなにかに力を注いだほうがいい。形だけで中身のない話は最悪だ。

でも、おそらく気づいていないだけで、あなたの中には伝える価値のある「なにか」があるかも知れない。ライオン除けライトでなくてもいい。あなたには、あなただけの人生がある。あなたにしかない経験がある。その経験から引き出される洞察には、伝える価値がある。どれにその価値があるかを見極めればいいだけだ。

人前で話したくない？　授業の宿題を発表することがあるかもしれない。小さな会議で研究結果を発表しなければならないかもしれない。自分の組織を支援してもらうために、地元のロータリーで話す機会があるかもしれない。自分にはトークのネタになるような経験なんてないと思っているかもしれない。なにも発明していない。特にクリエイティブでもない。すごく頭がいいわけでもない。あっと驚く未来予想があるわけでもない。特別に情熱を持っていることがあるかどうかさえ自信がない。

そこが出発点だと、たしかに厳しい。観客の時間を無駄にしないためには、それなりの深みのあるなにかがトークの土台になければならない。今の時点では、旅を続けてあなたが本当に惹かれるものを探しあて、それを深く掘り下げてから、数年後にもう一度この本を手に取ってみるのが、いちばんいいのかもしれない。

とはいえ、結論を出す前に、その自己評価が正しいかどうかをもう一度振り返ってみてほしい。ただ自信がないだけかもしれない。ここに矛盾がある。人はいつも内側からしか自分を見ていない。他人にはすごいと思えることが、あなた自身にはまったく見えていないのかもしれない。それを見つけるには、あなたをいちばんよく知っている人と心を開いて話してみるといい。あなたよりもその人たちのほうが、あなたの内面をよく知っているはずだ。

いずれにしろ、世界中であなただけにしかないものがひとつある。それはあなた自身の一人称の人生経験だ。昨日あなたが見た一連の出来事と、経験した一連の感情は、文字通りあなただけのものだ。70億人の中で、その経験をしたのはあなたしかいない。

では、あなたはそこからなにを得ただろう？　最高のトークの多くは、個人的なストーリーとそこから引き出される教訓に基づくものだ。なにか驚くようなものを見ただろうか？　子供たちが公園で遊んでいるのを見たかもしれないし、ホームレスの人と話をしたかもしれない。あなたが見たもので、他の人が面白いと思うものがあるだろうか？　もしなければ、これから数週間よく観察しながら歩きまわり、あなたの旅の中で他の人が興味を持ったり、だれかの役に立ったりするようななにかがないか、気をつけてみたらどうだろう？

人間はストーリーが好きだし、だれでもいいストーリーを語れるようになる。そのストーリーの教訓がありきたりなものでもかまわない。みんな人間なんだから。何度も教えてもらう必要がある。だから毎週教会で何度となく、形を変えて同じ話をしているわけだ。重要なアイデアを新鮮なストーリーで包んで、上手に伝えられたら、素晴らしいトークになる。

ここ3年から4年のあなたの仕事を振り返ってみよう。いちばん目立ったものはどれだろう？　最後に心から興奮したことはなんだろう？　怒ったことはなんだろう？　いちばん誇らしい2つか3つのことはなんだろう？　だれかに「それ、すごくおもしろい」と言われたのはいつだろう？　魔法の杖があったらぜひ広めてみたいアイデアはなんだろう？

先送りしない

人前でのスピーチの機会をモチベーションにして、あるトピックを深堀りするのもひとつの手だ。僕らはみんな、多かれ少なかれ、なんらかの形で先送りぐせや怠けぐせがあるものだ。人前で手をつけたいのはやまやまでも、インターネットのせいでなにかと気が散ってしまう。人前で話す機会が、本格的な研究プロジェクトに打ち込むきっかけになるかもしれない。コンピュータやスマートフォンがあれば、だれでも世界中の情報にアクセスできる。あとはそれを深堀りしてなにかを見つけ出せるかどうかだ。

実際、研究課題をトークの青写真にしてもいい。いちばん重要な課題はなんだろう？　それらはどう関係しているだろう？　どうしたらそれをやさしく説明できるだろう？　まだ解明されていない問題はなんだろう？　意見が分かれるのはどこだろう？　あなた自身の発見の旅から、トークのカギになるポイントがわかるかもしれない。

ものになりそうな予感はするけど、まだ確信を持てない場合には、スピーチの機会をきっかけに、きちんと調べてみるといい。集中力が揺らいだら、ステージに立って何百人もの目が自分に注がれる場面を想像してみよう。あと1時間はがんばれる。

2015年、TEDの本部であることを試してみた。毎月第2週にチーム全員に1日お休みを追加して、なにかを勉強してもらうことにした。その日を「学びの水曜」と呼んだ。僕たちは生涯学習を追求する組織なので、自分たちもその言葉を実践して、メンバーの一人ひとりが情熱を感じるなにかを学ぶことに時間を費やせるようにしたのだ。だけど、テレビの前で1日だらだら過ごさないためには、どうしたらいいだろう？　実は秘策があった。全員がその年のどこかで、学んだことをほかのメンバーの前でTEDトークすることを必須にしたのだ。そうすれば、お互いの知識から学べるし、なによりもそれが、とりあえず勉強にとりかかって実際に学びを得る大きなインセンティブになった。

「学びの水曜」がなくても、同じことはできる。尊敬する人たちに話をする機会が、重い腰を上げてあなただけのなにかをやってみるインセンティブになる。今、頭の中に完璧な知識がなくてもいい。この機会にそれを発見すればいい。

それでもまだなにも思い浮かばないとしたら、あきらめてもいいのかもしれない。スピーチの依頼を断ったほうがいいのかもしれない。自分にも相手にも、そのほうがいいのかもしれない。でも、もしかしたら、あなたが、あなただけが伝えられるなにかを見つけられるかもしれない。この世界であなたが心底ワクワクできるなにかが、少しだけ見えるようになるかもしれない。

ここからは、話したいことがあるという前提で話をすすめていくことにする。それは一生の情熱かもしれないし、もっと深掘りしたいトピックかもしれないし、提案しなければならない仕事のプロジェクトかもしれない。このあとは「なにを」ではなく「どのように」話すかに絞ろうと思う。でも、最後の章でまた「なにを」に戻りたい。僕たちにはみんな、伝えるべき大切なことがあるし、伝えられると信じているから。

言葉のチカラ

よし、と。あなたには伝えたい大切なことがある。そして、あなたの目標は、聞き手の心の中にあなたのアイデアを再生することだ。では、どうしたらそれができるだろう？

かなり大変なことなので、甘くみないほうがいい。ソフィー・スコットの脳内にある笑いについてのアイデアを図解したら、おそらく数百万の神経がつながり合ったものすごく豊かで複雑な模様ができあがるだろう。その図の中には、人々がゲラゲラ笑っている様子や、その声や、進化の目的の概念や、ストレスを和らげる手段や、そのほかのたくさんのものが含まれているはずだ。その全体像を数分で見知らぬ人たちの心に再生するなんてことが、一体どうしたらできるんだろう？

人間はこれを可能にするテクノロジーを生み出した。それは、言葉だ。言葉は人間の脳にあり得ないことをさせる。

一匹の象の頭の上にオレンジ色の大きなオウムが乗っかって、「踊ろうぜ」と叫び続けている。象はオウムのステップに合わせて、真っ赤に塗った鼻をぶらぶらと揺らしている。そんな姿を想像してほしい。

すごい！　今あなたの頭の中に、この世に存在しない何かのイメージがつくられた。それは、さっきの文章を読んだ人の頭の中だけにしかない。たったひとつながりの文章に、その力がある。でもそれは、聞き手が一定の概念を理解していることが前提になる。「象」と「オウム」がなにかを知っていなくてはならないし、「赤」と「オレンジ」がどんな色か、「塗る」「踊る」「合わせて」がどんな意味かも知っていなくてはならない。さっきの文章から、あなたはそれらの概念をまったく新しいパターンでつないだわけだ。

もし、さっきの文章がこんな出だしだったらどうだろう？　「長鼻目ゾウ科アフリカゾウ属の一種が、パントーン032Uをプロボシスに色彩し、振動的な運動を行いながら……」。これはさっきと同じ意味の文章をより正確な言葉で表しただけだが、おそらくイメージは頭に浮かばないだろう。

言葉の魔法は、話し手と聞き手が理解を共有できる範囲でしか効かない。そして、だれかの頭の中にアイデアを再生するカギがここにある。それは、聞き手の持っているツールしか使えない、ということだ。あなたの言葉、あなたのコンセプト、あなたの思い込み、あなたの価値観からはじめると、失敗する。逆に、聞き手のものから始めよう。共通の土台がなければ、彼らの頭にあなたのアイデアを植え付けることはできない。

プリンストン大学のユリ・ハソン教授は、このプロセスの働きを解明しようと、画期的な研究を進めてきた。概念の構築とストーリーの記憶にまつわる複雑な脳の活動は、リアルタイムでとらえられる。それを実現するのが、磁気共鳴機能画像法、すなわちｆＭＲＩと呼ばれるテクノロジーだ。

２０１５年のある実験で、ハソン教授は被験者の一団にｆＭＲＩに入ってもらい、50分の映画を見せた。そして、その映画のストーリーに対する被験者の脳の反応を記録した。どの被験者にも共通するパターンがあり、全員が経験を共有しているというはっきりとした物理的な証拠が見つかった。それから、被験者たちにその映像を思い出し、回想を録音してもらった。録音の多くはかなり詳細で、20分にわたるような長いものもあった。そのあとがすごいところだが、今度は映画を見ていない被験者に、この録音を聞かせてｆＭＲＩで脳の反応を撮ってみた。

すると、録音だけを聞いた被験者の脳のパターンと、映画を見た最初の被験者の脳のパターンがぴったり一致した。つまり、言葉の力だけで、映画を見た人と同じ経験が頭の中に生まれていたのだ。

これは、言葉の効き目を示す、ものすごい証拠だ。だれでも、この力を身につけられる。

そう、言葉が大切

言葉を軽く見るスピーチのコーチもいる。アルバート・メヒラビアン教授が1967年に発表した研究を引き合いに出して、コミュニケーションの中で言葉によって伝わるのはわずか7パーセントだが、声のトーンで38パーセント、ボディランゲージで55パーセントが伝わると言うのだ。そこで、自信やカリスマ性といった型ばかりを気にかけて、言葉にあまり注意を払わない指導者も少なくない。

だけど、それはメヒラビアンの発見を完全に誤解している。彼の実験は、人の「感情」がどのように伝わるかを調べるものだった。たとえば、だれかが「いいね」と言うときに、怒った声で言うのか、脅かすようなボディランゲージを見せるかで、どう違うかをテストしていた。この場合は当然、言葉はあまり関係ない。それをスピーチ全体に当てはめるのは、馬鹿げている（し、メヒラビアンも誤用にうんざりして、ウェブサイトに太字で警告文を載せている）。

感情を伝えるのは大切だし、トークのその部分については、声の調子やボディランゲージはたしかに効果がある。これは後半の章で詳しく話そう。でも、トークの本質は、言葉にかかっている。ストーリーを語るのも、アイデアをつくり上げるのも、複雑なことを説明するのも、論理を主張するのも、行動に訴えるのも、言葉だ。だからもし、スピーチではボディランゲージが話し言葉より大事だと言われたら、それは科学を誤解していると思っていい（ちなみに、その主張をジェスチャーだけで繰り返してもらうよう頼んでみると、面白い）。

この本の前半では、言葉がどう魔法を生み出すかについて掘り下げていく。人は言葉によってアイデアを伝えるからこそ、人間同士の対話が重要なのだ。僕らの世界観は、そうやって生まれ、形づくられていく。僕らのアイデアが、僕らをつくる。そして、だれかの心に自分のアイデアを広げるすべを見つけ出した話し手は、計り知れない連鎖反応を引き起こすことになるのだ。

旅にいざなう

優れたトークは、こんな風に美しくたとえられる。それは、話し手と聞き手が一緒にたどる旅だ。海洋学者のティアニー・ティスは、こう言っていた。

いいトークは、いい映画や本と同じで、私たちを遠くに運んでくれます。私たちは冒険が好きですし、知らない場所を旅してみるのが大好きです。ちょっぴり変人だけど物知りで、これまで存在さえも知らなかったことを教えてくれ、私たちを窓から外に連れ出して未知の世界にいざない、普通のものを非凡に見せるレンズを与え、私たちを恍惚とさせ、さまざまな感覚を同時に味あわせてくれるような道案内人と一緒に、旅してみたいと思うのです。ですから、私は旅の計画を立てるように、トークを構成します。

このたとえのすごいところは、話し手はツアーガイドと同じで、聞き手のいる場所からはじめなければならないとはっきり言っている点だ。そして、案内人がありえない場所に飛んだり、わけのわからない方向に向きを変えたりするとなぜいけないのかを、このたとえは教えてくれている。

その旅が、探索であれ説明であれ説得であれ、最後に観客は美しい新天地に運ばれる。それもまた、贈り物だ。

どちらのたとえを使うにしろ、聞き手に渡す「贈り物」に目をむければ、トークの準備は完璧になる。

3

Foundation

Common Traps

よくある落とし穴

4つのNG

優れたトークをつくり上げるには、さまざまなやり方がある。だけどまずは、だめな例から。醜いトークスタイルはたしかに存在する。それは話し手の評判も、聞き手の心も傷つけることになる。ここで、絶対にしてはいけない4つの例を挙げよう。

売り込み

講演者の中には、本末転倒な人がいる。彼らは与えるのではなく、奪おうとする。

数年前、有名な作家でビジネスコンサルタントでもある人物がTEDに登壇した。型にはまらない考え方を教えてくれると思い、僕は彼のトークを心待ちにしていた。だけど逆に、僕は冷や汗をかくことになった。彼は、ある行動がきっかけで業績が飛躍的に伸びた企業名をずらずらと挙げはじめた。その行動とは？　彼をコンサルタントに雇ったことだ。

5分もすると観客はそわそわしはじめ、僕は我慢できなくなった。立ち上がって話に割って入った。全員の目が僕に向いた。汗がふき出した。マイクの電源は入っている。すべて観客に筒抜けだ。

僕：お願いがあります。実際にどのような思考法を勧めていらっしゃるか、教えて下さいませんか？　現実にどんなふうにうまくいくかを教えてもらえれば、勉強になります。ちょっと宣伝が多すぎるみたいで。

（拍手がちらほら。気まずい沈黙）

講演者：中身の話をすると3日かかりますよ。15分では到底終わりません。とりあえず、このやり方がうまくいくことを伝えて、みなさん自身にさらに詳しく見てもらおうというのが、今日の目的です。

僕：もちろん、うまくいくことはわかってます。この分野の超大物スターですからね。例を挙げるか、まずは15分だけでもくだりを教えてもらえませんか？　お願いします！

この時点で、観客が声援を上げはじめたので、彼はやるしかなかった。そこで彼はやっと知恵を公開しはじめ、みんなもほっとしたのだった。

これは皮肉なことだ。欲の皮が透けて見えるスピーチは、話し手の利益にならない。あの場にいた観客から彼がひとつでも仕事をもらえたとしたら、びっくりだ。もし仕事につながったとしても、ほかの全員の尊敬を失っている。もちろん、あのトークはネットにあげなかった。

評判はなにより大切だ。つまらない売り込み屋ではなく、聞く人になにか素晴らしいものを持ちよる寛大な人間だという評判を築くほうがいい。売り込みを聞くと退屈でイライラするし、なにか別のものを期待していればなおさらそうだ。

もちろん、普通はこれほどあからさまな売り込みはない。本の表紙を写したスライドや、組織の資金不足に軽く触れる程度だ。トークのそれ以外の部分が素晴らしければ、こうした少しの押しつけは許されるかもしれない（それに、その人の本や組織について話してほしいと頼まれているときは、特にそうだろう）。それでも、話し手は大きなリスクを負うことになる。だから、TEDでは講演者にこうした売り込みをしないよう積極的に指導している。

講演者の仕事は観客に「与える」ことで、「奪うこと」じゃない。それが大原則だ（純粋な営業を目的にするビジネスの場面でさえ、与えることを目標にすべきだ。最高の営業マンは相手の立場に立って、どうしたら相手のニーズにいちばん応えられるかを想像する）。カンファレンスの参加者は、売り込みのトークを聞きにくるわけじゃない。話し手に下心があるとわかった瞬間に、そそくさとメールのチェックをはじめるだろう。友達にお茶に誘われて行ってみると、タイムシェアの投資案件を勧められて思わず引いてしまうような、あの感じだ。そんな話し手に用はない。

アイデアを伝えることと売り込みとの間の一線をどこに引くかで異論はあるかもしれないが、この原則は絶対だ。与えよう。奪ってはいけない。

いいことを教えよう。心が広いとそれに応えてくれる人がいる。人権弁護士のブライアン・スティーブンソンがＴＥＤに登壇したとき、彼の組織は最高裁での重要判決を勝ちとるための戦いに、１００万ドルが緊急に必要だった。でも、ブライアンは一言もそれに触れなかった。彼は、ストーリーや洞察やユーモアや啓示を通して、アメリカの正義についての僕たち考え方を根底から変えてくれた。トークが終わると、観客は一斉に立ち上がり、数分間拍手を続けた。そしてどうなっただろう？　参加者から１３０万ドルを超える寄付が集まった。

とりとめのない話

僕が主催した最初のＴＥＤで、登壇者のひとりがこうはじめた。「ここに来る間に運転しながら、なにを話そうかと考えていました……」。その後に続いたのは、起きうる未来についてのまとまりのないコメントの羅列だった。感じが悪いわけじゃない。わかりにくいこともない。でも、説得力はない。啓発されもしない。ハッとする瞬間もない。なんの教訓もない。観客はお義理で拍手をした。でも、本当はだれもなにも学ばなかった。

僕は頭にきていた。準備不足ならわからなくはない。でも、なにも準備してないと自慢するのはどうなんだ？　失礼じゃないか？　参加者の時間なんてどうでもいいと言っているようなものだ。このイベントをバカにしているのと同じことだ。

この手のトークが多すぎる。とりとめがなく、どこに向かうかもわからない。自分の優秀な頭脳があてのない散策をする様子にだれかが興味を持つはずだと考えているのかもしれない。でも、800人がその1日の15分をあなたの言葉に費やそうと待っているとしたら、ただの成り行き任せでいいはずはない。

ブルーノ・ジウサーニが言うように、「人々が講演者の話を聞くためにそこに集まるとき、聞き手は特別に大切ななにかを差し出そうとしている。いったん渡してしてまったら、二度と取り戻せないものを差し出している。それは、十数分の時間と彼らの関心だ。その時間をできるだけ上手に使うことが、講演者の仕事だ」

素晴らしいアイデアを届けたいと思ったら、まずは準備に時間をかけなければならない。とりとめのない話はやめてほしい。

でも結果的には、さっきのとりとめのない登壇者はある意味でTEDに贈り物をくれたことになる。あのトーク以降、僕らは登壇者の準備に一層力を入れるようになった。

組織バカ

組織の話は、そこで働く人にとってはすごく面白い。でも、そうでない人には死ぬほど退屈だ。申し訳ないけど、本当だ。あなたの会社の驚くべき歴史を話しはじめたとたん、観客は居眠りをはじめるだろう。NGOも、研究室も、複雑だけどなんだかすごい組織構造も、才能豊かなチームの見事な写真も、大成功した製品も、みんなそうだ。あなたとあなたのチームにとってはは面白いかもしれない。でも、僕らはそこで働いてるわけじゃない。だけど、組織や製品ではなく、あなた自身の仕事の本質と、そこに注がれるアイデアの力に的を絞れば、すべてが変わる。

これは意外に難しい。組織のトップは基本的にその組織の広報マンなので、いつも宣伝モードだし、自分の周りで一生懸命働いてくれているチームを讃える義務があると思い込んでいる。そのうえ、話したいことは組織の中の仕事なので、組織の行動を中心に話すのがいちばん自然だと思ってしまう。「2005年に、我々はダラスのこのオフィスビルに（ガラスのタワーの写真）新部門を設け、エネルギー費用の削減を目標に、ハンク・ボアハム部長を送り込み……」。ああ、超つまらない。

こっちはどうだろう？「2005年、私たちはすごいことに気づいた。生産性を下げずに、エネルギー費用を6割も削減できることがわかったのだ。どうやったかを、みなさんにお見せしよう……」

片方は興味をかきたてる。もう一方は興味を失わせてしまう。片方は贈り物だ。もう一方はただの自慢話だ。

啓発もどき

この例はあまり出したくないけれど、やっぱり出さないわけにいかない。

まず、このことは否定しない。トークを見て、いちばん強烈に心に残るのは、インスピレーションだ。講演者の仕事や言葉はあなたの心を動かし、大きな可能性や興奮であなたを満たしてくれる。世界に踏み出し、よりよい人間になりたいと思わせてくれる。ＴＥＤの成長と成功は、トークが生み出すインスピレーションによって支えられてきた。そもそも僕がＴＥＤに惹かれたのも、それが理由だった。僕はインスピレーションの力を信じている。

だけど、その力を扱うには、繊細な注意がいる。

偉大な登壇者がトークを終え、参加者が総立ちで拍手を送るとき、そこにいるすべての人が鳥肌の立つような瞬間を共有する。観客は話に興奮し、登壇者はそれほど認められたことに言葉にならない充実感で満たされる（以前に、まばらな拍手を受けてステージを降りた登壇者が、舞台裏で友達に「だれも立ち上がってくれなかった！」とささやいた。気持ちはわかる。でもそのときまだマイクが生きていて、観客全員に、その苦々しい声が伝わってしまった）。

認めるかどうかは別として、登壇者の多くは拍手喝采に送られてステージを降り、感動的なツイートが続々と流れることを夢見ている。そこに落とし穴がある。スタンディングオベーションを追い求めると、悪いほうに走ってしまうのだ。感動的な登壇者のトークを見て、それを真似てしまう。でも形だけだ。すると最悪な結果が待っている。観客の頭と心を操ろうとして、これでもかといろんな技を追い続けることになる。

数年前のＴＥＤで、そんな例があった。[*] ＴＥＤの大ファンになった40代のアメリカ人男性が、感動的なビデオを送ってきて、登壇させてほしいと熱心に訴えてきた。彼の話したいトピックがその年のテーマにちょうど合っていたし、推薦する人もいたので、彼を招くことにした。

出だしはよかった。押しの強い感じ。観客ににこやかに笑いかけていた。つかみは面白かったし、ビデオもよくできていて、意外な小道具もあった。これまでのTEDトークをすべて隅々まで研究して、そのいちばんいい部分を詰め込んだようだった。僕は座ってそれを眺めながら、すごいヒットになるかもしれないと期待した。

でもそのあと、なんだか気分が悪くなってきた。なにかが違う。この人は、ステージに立つ自分が好きなんだ。そんな自分が好きでたまらないらしい。話を途中で止めては、拍手や笑いをとろうとし、それがかなうとまた話を止めて「ありがとう」と言い、暗にもっと褒めてくれと催促していた。笑いをとろうとしてアドリブのコメントを挟みはじめた。それは本人にはウケていたけれど、他の人にはそうでもなかった。最悪なのは、約束したはずの中身がなかったことだ。ある重要なアイデアが真実だということを証明するつもりだと彼は言っていた。それなのに、彼のトークには思いつきとエピソードしかなかった。

自分の主張を裏付けるために画像まで加工していた。しかも、夢中になってスポットライトに浸っているうちに、時間を大幅にオーバーしていた。

＊話し手に配慮して詳細について数カ所を変更してある。

トークの終わりには、「そう、君にもできる」と言いはじめ、夢とインスピレーションを語り、両腕を観客に伸ばして締めくくった。このトークが彼にとってものすごく大事だったことはわかったので、立ち上がって拍手した人もいた。僕？　僕は死ぬほどむかついていた。それは、僕らが必死になくそうと努力してきたTEDのパロディだった。形だけで、中身はほとんどなかった。

この種のトークがやっかいなのは、うわべだけで中身がないからだけじゃない。こうしたトークは、ジャンル全体の評判を落としてしまう。本物のインスピレーションを与えてくれる講演者が来ても、観客はあまり素直に受け入れられなくなってしまうのだ。聴衆から崇拝されたいという麻薬に魅せられて、ますます多くの登壇者がこの道をたどろうとしている。

どうか、そうならないでほしい。

インスピレーションについて話をしよう。それは、自分で手に入れるものだ。だれかがあなたの目をまっすぐに見つめて、心の中に夢を見つけなさいと言ったからといって、インスピレーションは生まれない。インスピレーションを与えてくれる人は、ワクワクするだけの価値のある夢を実際に持っている。そんな夢は、お手軽に手に入らない。それは、血と汗と涙で手に入れるものだ。

インスピレーションは愛に似ている。ただがむしゃらに追いかけても、手に入らない。あまりにがむしゃらに愛を追求すると、こう呼ばれる。ストーカー。そこまではいかなくても、キモい、ありえない、死にもの狂いと呼ばれてしまう。悲しいかな、そんな振る舞いは逆効果だ。相手は引いてしまう。

インスピレーションも同じだ。近道のつもりでカリスマ性だけで観客を惹きつけようとしても、一瞬は成功するかもしれないが、化けの皮が剥げて相手に逃げられてしまう。さっきの例では、立ち上がって拍手した観客もいたけれど、カンファレンス後のアンケートでその男性は酷評を受け、僕らは彼のトークをネットにアップしなかった。参加者は騙されたと感じていた。実際そうだった。

もしあなたが、ステージを闊歩して頭の良さを見せつけ、観客を沸かせるような大人気の講演者になることを夢見ているのなら、考え直したほうがいい。その夢は捨ててほしい。あなたよりもはるかに大きななにかを夢見てほしい。その夢に向かって努力し、価値あるなにかを成し遂げてほしい。それから、謙虚にここにやってきて、学んだことを教えてほしい。

インスピレーションはパフォーマンスじゃない。それは、本物と、勇気と、たゆまぬ努力と、純粋な知恵に対する観客の反応だ。そんな特徴がトークにあれば、驚くようなことが起きるかもしれない。

ダメなトークの理由を語るのは簡単だ。でも、どうしたら成功できるんだろう？　まずいちばん大切なのは、わかりやすいことだ。

4

Foundation

The Throughline

スルーライン

それで、なにが言いたいの？

「客席に座ってだれかの話を聞いていると、その人にはもっといい、すごい話があるのに、それを話していないと感じてしまう。そういうことが多すぎる」と言うのは、TEDのブルーノ・ギウサーニだ。彼は、素晴らしい講演者がチャンスを無駄にしてしまうことに耐えられないのだ。

トークの目的は、意味のあるなにかを伝えることだ。でも、それができていないトークがどれだけ多いことか。たしかに、たくさんの言葉が尽くされてはいる。それなのに、なぜか聞く人に残るものがなにもない。美しいスライドや舞台でのカリスマ的な存在感は結構だけど、本当に得られるものがなにもなければ、ただの娯楽でしかない。

そんなことになるいちばんの理由は、講演者がトーク全体を正しく計画できていないことにある。箇条書きを並べ、文章をつないでトークを準備したかもしれないが、全体を貫く横糸についてはまったく時間を使っていない。

演劇や映画や小説の分析に使われる言葉がある。スルーラインだ。つまり、一つひとつの物語の要素をひとつにまとめる、一貫したテーマのことだ。どんなトークにも、このスルーラインが必要になる。

話し手の目標は、聞き手の心の中に奇跡のようななにかを築くことで、スルーラインは、話し手が築こうとするアイデアのすべての要素を強く結びつけるひもか縄のようなものだと思ってほしい。

これは、一度のトークでひとつのトピックやひとつのストーリーしか語れないという意味ではないし、寄り道せずにある方向にまっしぐらに進まなくちゃならないわけでもない。そんなことはまったくない。ただ、すべての部分がつながっていなければならないという意味だ。

スルーラインのないトークの冒頭はこんな感じだ。「先日のケープタウンへの旅での経験をみなさんにお伝えして、旅について私が感じていることをここで挙げてみます……」

こっちと比べてほしい。「この間ケープタウンに行ったとき、赤の他人について改めて学んだことがあります。他人を信用していいのはどんな場合か、絶対に信用してはいけないのはどんな場合か。私に起きた正反対の2つの体験を例に挙げましょう……」

最初の切り口は、家族に話すにはいいかもしれない。でも、2つ目ははじめからスルーラインが明らかで、はるかに一般の聴衆を引き入れやすい。

スルーラインを15ワード以内でまとめてみると、いい練習になる。その15ワードで、しっかりと内容を伝えることが必要だ。「観客にインスピレーションを与えたい」とか「自分の仕事を支持してほしい」なんていう目標はだめだ。もっと的を絞ったものでないといけない。聞き手の中に植え付けたい具体的なアイデアはなにか？　観客に覚えてほしいポイントはなにか？

スルーラインはありきたりではいけないし、陳腐なものでもいけない。「勤勉の大切さ」「私の4つの主なプロジェクト」なんてつまらない。いびきが聞こえてきそうだ。もっとなんとかできるはずだ。TEDの人気トークとそのスルーラインを挙げてみよう。どのスルーラインにも、意外性がある。

- 選択肢が増えると幸福度は下がる
- 弱さは大切な宝物で、隠さなくていい
- 子供のものすごい（おもしろい）創造性に目を向ければ、教育の可能性が一変する
- ふりをしていると本物になれる
- 宇宙の歴史を18分で振り返ると、混沌から秩序への道が見える
- ダサい市旗から、おどろくべきデザインの秘密が解明できる
- 南極へのスキー旅で死にそうになって、生きる意味が180度変わった
- 静かな革命を起こそう――内向的な人のために世界をデザインしなおす
- 3つの簡単なテクノロジーを組み合わせると、ありえない第六感が生まれる
- オンライン動画が学校をより人間的にし、教育に革命を起こす

このリストの最初にある、選択のパラドックスについてのトークをしてくれたバリー・シュウォルツは、スルーラインがなにより大切だと言っている。

講演者の多くは自分のアイデアを溺愛しているので、そうでない人がなにを理解できないのか想像できない。大切なのは、限られた時間で、できる限り隅々まで完全にひとつのアイデアを紹介することだ。話が終わったときに、一点の曇りもなく理解してほしいのはなんだろう？

先ほど紹介した最後のスルーラインは、教育を改革しつつあるサルマン・カーンのものだ。彼はこう語った。

カーン・アカデミーのこれまでの取り組みには、すごく面白い例がたくさんありますが、それを言うのは自己満足のような気がしたんです。僕はもっと大きなアイデア、たとえば授業から講義をなくすことで、進度別の学びや人間的な教育をするといったアイデアを伝えたかった。講演者にアドバイスするとしたら、自分個人や自分の組織よりも大きなアイデアを探して、それが空手形でないことを経験で示すということです。

ここに紹介したようなすごいスルーラインでなくてもいい。でも、好奇心をかき立てるなんらかの切り口がないといけない。勤勉の大切さを説くかわりに、勤勉さが本当の成功につながらない場合があるのはなぜか、それにどう対処するかを話してみたらどうだろう？　最近の4つのプロジェクトについて話すつもりなら、構成を変えて3つのプロジェクトにたまたま意外なつながりがあったことを話してみたらどうだろう？

ロビン・マーフィがTEDウーマンで話したのが、まさにそのスルーラインだった。そのトークの冒頭を紹介しよう。

ロボットは災害現場の第一対応者として、人間と一緒に救助に携わる存在になりつつあります。こうした最先端マシンの投入によって、災害救助や救命のあり方が根底から変わる可能性があります。このことを示す、私が開発した3つの新型ロボットについてお話ししたいと思います。

すべてのトークで、このようにはじめからスルーラインをはっきりと打ち出さなければならないというわけではない。これから見ていくように、観客の好奇心をかき立てて、あなたの旅に彼らを招き入れる方法はほかにもたくさんある。とはいえ、どこに向かっているかがわかっていれば、観客はついて行きやすくなる。

もういちど、トークは旅だと考えてみよう。それは、話し手が案内人となって聞き手と一緒にたどる旅だ。あなた、つまり話し手が、聞き手に一緒に来てほしいなら、どこに行くかのヒントをあげなければならない。そして、その旅の目的地に一歩一歩着実に近づかなければいけない。旅のたとえで言えば、その道程がスルーラインだ。突然にありえない場所に飛んではいけないし、話し手と聞き手が一緒に望みの目的地に行けるように導かなければならない。

トークといえば、仕事の概要を説明したり、組織について話したり、社会問題を議論することだと思っている人は多い。それではいい準備はできない。まとまりがなく、インパクトもないトークになってしまう。

スルーラインはトピックとは違う。招待状を見れば、話の内容ははっきりしていると思うかもしれない。「メアリー様。あなたが開発なさった新しい淡水化テクノロジーについて話していただければ幸いです」「ジョン様。カザフスタンでのカヤック探検について話していただけますか？」。でも、トピックがはっきりしている場合でも、スルーラインはきちんと考えたほうがいい。トピックはカヤックだとしても、スルーラインは忍耐力についてかもしれないいし、集団の力学かもしれないし、川渦の危険についてかもしれない。淡水化テクノロジーの話なら、破壊的イノベーション、世界的な水危機、エンジニアリングの優雅さといったスルーラインでもいい。

では、どうやったらスルーラインが見つかるだろう？

はじめに、聴衆についてできる限りの情報を集めよう。相手はだれなのか？　どのくらいの知識があるのか？　なにを期待しているのか？　なにを気にかけているのか？　過去の講演者はなにを話したか？　受け入れる準備のある人にしか、アイデアは届かない。ロンドンのタクシー運転手にデジタル化による共有経済がどれだけすごいかを話すつもりなら、彼らの生業がＵＢＥＲによって破壊されたことを知っておいたほうがいい。

スルーラインを見つけることへの最大の障害は、登壇者たちのこの第一声にある。「言いたいことが多すぎて時間が足りない」

みんなそう言う。ＴＥＤトークは18分までと決まっている。（なぜ18分か？　インターネットを含めて、人が集中力を保ち、真剣に考えられるのにちょうどいい短さだから。それでいて、大切なことを語るのに十分な長さだから）。ほとんどの講演者は30分から40分、またはそれよりも長く話すことに慣れている。18分という短い時間できちんとした話ができるとは思えないのだ。

トークが短いからといって準備の時間が短くなるわけじゃない。第28代アメリカ大統領のウッドロウ・ウィルソンは、スピーチの準備にどのくらい時間がかかりますかと質問を受けた。すると彼はこう答えた。

スピーチの長さによる。10分のスピーチなら準備にまるまる2週間かかる。30分のスピーチなら一週間。いくらでもしゃべっていいなら、準備はいらない。今すぐできる。

偉大な思想家や作家のこんな言葉もある。「もっと時間があれば、短い手紙をかけたのに」偉大なるトークを限られた時間に収めるには、真剣な努力が必要になる。とはいえ、それには正しいやり方と間違ったやり方がある。

間違ったやり方

言わなければいけないことを全部盛り込んで、それぞれを少しずつ縮めて全体を短くするのは間違ったやり方だ。おかしなことに、このやり方で、実際に短い原稿をつくることはできる。話したいトピックがすべて要約の形で入っている。とりあえず全部網羅できた！　すべてをつなげるスルーラインだってあるし、仕事の全体像を説明している。与えられた時間に合わせて、できることはすべてやったつもりになる。

だけど、あまりに多くのコンセプトをつないだスルーラインはうまくいかない。複数のトピックを要約形にして急ぎ足で駆け抜けるのは、逆効果だ。なんの印象も残らないトークになってしまう。話し手はトークの背景と内容をすべてわかっているので、自分としては深い洞察を伝えたつもりになる。でも、はじめてそれを聞く人には、おそらく概念的で無味乾燥で浅い話に聞こえてしまうだろう。

単純な方程式だ。詰め込みすぎは説明不足と同じことになる。

興味をそそる話をするには、きちんと時間をとって少なくとも次の2つのことをしなければならない。

- **なぜこの話が大切なのかを説明する**……どんな問いに答えようとしているのか、どんな問題を解決しようとしているのか、どんな経験を伝えようとしているのか?
- **それぞれのポイントを実例や逸話や事実で肉付けする**

だれかの心にあなたの大切なアイデアを植え付けるというのは、そういうことだ。ただし、その理由を説明し、例を挙げるには時間がかかる。すると、残された道はひとつだけだ。

正しい方法

いいトークをするには、トピックの幅を絞り、1本の糸でつなげなければならない。つまり、スルーラインをきちんと描かなければならない。的を絞ることで、インパクトは格段に強まる。作家のリチャード・バッハは、「名文とは、削られた言葉の力そのものだ」と言った。スピーチも同じだ。トークの成功の秘訣は、語られなかったものの中にある。短いほうがより多くを与えられることもある。

それがトークを成功させるカギだという講演者も多い。音楽家のアマンダ・パーマーは言う。

自分のエゴに縛られていたことに気づいたの。もし私のＴＥＤトークが拡散されるとしたら、自分がどれほど才能あるピアニストかをみんなに知ってほしい！　絵が上手なことも。詩の才能もあることも。ほかのいろいろなすごい才能があることも。こんなチャンスはもうないんだから！　でも、トークを本当に成功させるには、エゴを脇に置いて、自分自身がアイデアを届ける媒体になるしかないの。ＴＥＤの常連のニコラス・ネグロポンテと食事に行ったときに、トークのアドバイスがほしいって頼んだわ。彼の答えは、私の仏教の師匠が長年言い続けていることだった。余白を残して口数を減らしなさい、って。

経済学者のニック・マークスは、ライターの卵にこうアドバイスしている。「好きなものをあえて捨てなさい。私は、自分が好きでたまらないものや、どうしてもひとこと触れたいと思っていることは話さないと誓っている。難しいことだが、これは必須だ」

ＴＥＤの登壇者の中でも人気ナンバーワンを争うブレネ・ブラウンもまた、この時間制限に苦しんだ。彼女のおすすめは、このシンプルな方法だ。「トークの準備をする。そして、それを半分にする。失った半分を嘆き終わったら、残った部分をさらに半分にする。18分の中にどれだけ詰め込めるかと考えがちよね。でも、『どれだけを意味のある形で捨てられるか』と考えたほうがいいわ」

トークの長さがどのくらいでも、このアドバイスは使える。僕個人の例を挙げてみよう。たとえば、2分で自己紹介してほしいと頼まれたとする。こちらが、バージョン1だ。

僕はイギリス人ですが、生まれはパキスタンです。父は伝道活動に従事する眼科医でした。パキスタンとインドとアフガニスタンで幼少期を過ごしました。13歳でイギリスの寄宿学校に送られ、そこからオックスフォード大学に進んで哲学・政治学・経済学の学位を取りました。ウェールズの地元紙の記者として働きはじめ、それからセーシェル島の海賊ラジオ局に移り、数年間記事を書いたり世界のニュースを読んだりしていました。

1980年代の半ばにイギリスに戻った僕はコンピュータにひと目ぼれし、コンピュータの専門雑誌をいくつか立ち上げました。専門誌の創刊が盛んな時期で、僕の会社はその後7年間毎年2倍ずつ膨らみました。その会社を売却し、アメリカに渡ってまた同じことをやりました。

2000年までに社員は2000人にもなり、150の雑誌やウェブサイトを運営するまでになりました。ですが、テクノロジーバブルが弾けると、会社は倒産の瀬戸際に追い込まれました。だいたい、インターネットがあるのに雑誌を読む人なんているでしょうか？　僕は2001年の終わりに会社を辞めました。

幸運にも非営利財団にいくらかお金を入れておいたので、そのお金を使ってTEDを買うことができました。当時のTEDはカリフォルニアで年に一度カンファレンスをやっていました。以来、それが僕のフルタイムの仕事になりました。

では、こちらがバージョン2だ。

僕と一緒に1977年のオックスフォード大学の学生寮に来てほしい。扉を開けると、だれもいないようだ。

でも、ちょっと待って。隅のほうに床で寝そべっている青年がいる。仰向けになって、天井をじっと見つめながら。青年は1時間半もそうやって寝転んでいた。それが僕だ。20歳の僕。僕は考えている。一所懸命に。僕は……笑わないでほしいけど……僕は自由意志の問題を解こうとしている。世界中の哲学者を少なくとも2000年は悩ませてきた深淵な謎を。そう、僕はそれに取り組んでいる。

外から見れば、その青年は傲慢でうぬぼれやで、おそらく人付き合いが苦手で孤独で、人間よりアイデアを友達に選ぶような、変わり者だ。

だけど、僕自身に言わせると？　夢想家だ。僕は昔からアイデアの力にとりつかれていた。伝導師の両親から離れてインドとイギリスの寄宿学校で生き残れたのも、メディア企業を立ち上げる自信がついたのも、この内向的な性格のおかげだ。そして、TEDにこれほど入れあげたのも、僕の中の夢想家だった。

そんな僕がこのところ夢見ているのは、パブリックスピーキングの革命で、それがどこに向かうのか……

どちらが僕をよく語っているだろう？　最初のほうは、はるかに事実が多い。僕の人生の大部分をきちんと要約している。2分で語る履歴書だ。2番目は僕のある一瞬を切り取っている。ほとんどの人にとっては、2番目のほうがはるかに面白いし、僕のことをよくわかってもらえるはずだ。

時間制限が2分でも18分でも1時間でも、このことは出発点として押さえておこう。強いインパクトを残すためには、十分に深堀りできることだけに的を絞ったほうがいい。

ここでスルーラインが役に立つ。スルーラインを選ぶことで、余分なことの大半を自動的に取り除ける。さっきの自己紹介の例では、「僕の中でもう少し深く掘り下げて焦点をあてるべきなのは、どの側面か？」と考えた。夢想家の側面を選んだら、自然にオックスフォード大学で哲学を勉強していた時代に注目できたし、そのほかのほとんどの部分を捨てることができた。「起業家」や「おたく」や「グローバル魂」を選んでいたら、切り口は違っていただろう。

スルーラインをつくることで、与えられた時間内にきちんと語れるアイデアが見つかる。そのあとは、トークのすべての要素がなんらかの形でそのアイデアにつながるように構成しなければならない。

スルーラインから構成へ

ここで少し、構成という言葉について考えてみよう。構成は決定的に重要だ。柱となるスルーラインをどう構成するかは、トークによってさまざまに異なる。たとえば講演者が取り組んでいる問題の紹介からはじまって、その問題をわかりやすく描くような逸話を語る。それから、その問題解決へのこれまでの取り組みに移り、失敗例を2つ挙げる。その後、講演者の提案する解決策へと続き、その中にアイデアを裏付けるドラマチックな新しい証拠がある。最後に未来に向けた3つの予想で締めくくる。

このトークの構成は、木を想像するといい。幹になるスルーラインが中心にあり、それがまっすぐ上に伸びていて、そこから枝が伸び、枝のそれぞれが中心にあるストーリーの延長になっている。いちばん下の枝がオープニングの逸話だ。頂上にある3つの枝が、未来予想になっている。

もうひとつのトークは、ひとつのテーマでつながった5つの仕事について、一つひとつ順に紹介し、最初と最後に最近のプロジェクトを持ってくるものだ。ここでは、スルーラインを5つの箱を結ぶ紐だと考えるといい。それぞれの箱が、ひとつの仕事を表している。

今この時点でもっとも再生回数の多いＴＥＤの登壇者は、ケン・ロビンソン卿だ。彼のトークのほとんどは、単純な構成に従っている。

Ａ　イントロダクション――これからなにを話すかを紹介する
Ｂ　背景――なぜこの問題が大切なのかを説明する
Ｃ　中心になるコンセプトを語る
Ｄ　実際にどんな影響が考えられるかを予想する
Ｅ　結論で締める

「昔から、いい作文とは３つの質問に答えるものだとされている。なに？　それでなに？　だからなに？　スピーチも同じようなものなんだ」

もちろん、ロビンソン卿のトークの魅力は、構成のシンプルさをはるかに超えているので、みんなに同じ構成を勧めるつもりはない。決められた時間の中でいちばんインパクトのあるスルーラインがつくれて、すべての要素がはっきりとそこにつながっているような構成を見つけることが大切だ。

難しいトピックに挑戦する

テーマが重い場合には、スルーラインを特に慎重に扱う必要がある。難民危機の恐怖。糖尿病の爆発的な拡大。南米での性的暴行。こうしたトピックを取り上げる講演者の多くは、その問題をより広く知ってもらうことが自分のつとめだと考えている。そうしたトークは、状況の悲惨さを示す事実を次々に挙げて、なぜそれを正さなければならないのかを伝えるように構成されている。この構成がぴったりとはまるときもある。聞き手側に、不快な事実を受け入れる準備ができている場合だ。

問題は、この手のトークをたくさん聞かされると、観客は気分的に疲れ果て、心を閉ざしはじめることだ。共感疲れが溜まってくる。あなたのトークの前にそうなってしまうと、あなたはインパクトを与えられない。

どうしたらそれを避けられるだろう？　まずは、あなたのトークを「社会問題」を訴えるものではなく、「アイデア」を語るものと考えることだ。

この違いを、元同僚のジューン・コーヘンはこう語っていた。

社会問題についてのトークは、倫理感に訴える。アイデアについてのトークは好奇心をくすぐる。社会問題は課題をあぶり出す。アイデアは解決策を生み出す。

社会問題は「これって悲惨じゃないですか？」と訴える。アイデアは「これって面白くないですか」と問いかける。

気にかけてほしいと頼み込むよりも、面白い謎を解いてみようと誘うほうが、観客を巻き込みやすい。後者は贈り物のように感じられる。前者は頼み事のように受け止められる。

チェックリスト

スルーラインをつくる際に、次のチェックリストを参考にしてほしい。

□それは自分が情熱を持っているトピックか？
□好奇心を刺激するか？
□この知識は観客にとって大切か？
□このトークは贈り物か、それとも頼み事か？
□情報は新鮮か？　すでに知られているものか？
□与えられた時間に、必要な事例を挙げてそのトピックを十分に説明できるか？
□観客の時間を無駄にしないだけの知識を持っているか？
□そのトピックを語るだけの信用が自分にあるか？
□そのトークを15ワードにまとめたらどうなるか？

□その15ワードで、自分のトークに興味を持ってもらえるか？

スピーチコーチのアビゲイル・テネンバウムは、観客になりそうなだれかに、スルーラインを原稿でなく口頭で聞いてもらうことを勧めている。「声に出して言うと、なにが明らかで、なにが欠けていて、どう磨いたらいいかが話し手にはっきりと見えてくるんです」

ベストセラー作家のエリザベス・ギルバートは、ひとりの聞き手に話すつもりで準備をするといいと言う。彼女は僕にこんなアドバイスをくれた。「だれかひとり、あなたの人生にいる人を選んで、その人だけに話しかけるようにトークを準備するの。あなたとは違う分野で、頭が良くて、好奇心があって、熱心で、視野が広くて、そしてあなたが本当に好きなだれかを選んで。そうするとトークに温かみが出て、心のこもったものになる。それに、ターゲット層（たとえば、「22歳から38歳までのソフトウェア業界で働いている人」とか）じゃなくて、実際にその人に話しかけないとだめ。「ターゲット層」は人間じゃないし、そこに向けて話しかけても、人間に話しているように聞こえないから。その人の家に押しかけて半年もトークを練習する必要はないわ。その人に知らせなくてもいいくらい。ただ、理想のだれかを選んで、その人を驚かせ、感動させ、魅了し、喜ばせるようなトークができるように努力すればいい」

だけど、いちばん大切なのは自分の中に深く根をおろしたトピックを選ぶことだとギルバートは言う。「あなたの知っていることを話さないとだめ。よく知っていて心から愛していることを。あなたの人生でいちばん大切なことを聞きたいの。これから流行りそうななにかじゃなくてね。どこかから持ってきた斬新で過激な仕掛けなんかじゃなくて、あなたが長年温めてきた情熱を教えてほしい。私はきっととりこになると思う」

スルーラインができたら、それに付けるものを考えよう。アイデアを築くには、たくさんの方法がある。次の5つの章では、講演者の使う5つのツールを見ていこう。

- **つながる**
- **ストーリーを語る**
- **説明する**
- **説得する**
- **見せる**

これらを混ぜてもいいし、組み合わせてもいい。ひとつのツールだけしか使わないトークもある。いくつかの要素を取り入れる場合もある。めずらしいけれど、5つのすべてを使っているトークもある（たいていはここに挙げた順番に使っている）。でも、5つのテクニックはそれぞれまったく違うものなので、一つひとつ別々に見ていこう。

ツール

Talk Tools

5

Talk Tools

Connection

つながる

自分に引き寄せる

知識をだれかの頭に押し込むことはできない。自分の中から引き出した知識を相手の中に植え付けなくちゃならない。

だれかの心にアイデアを植え付けるには、その人の許可がいる。人間はだいたい赤の他人を警戒し、なかなか心を開かないものだ。どうしたら警戒をほどけるだろう。それには、あなたの内側にしまいんだあなた自身を表に出すしかない。

だれかのトークを聞くのと、だれかの作文を読むのとでは、まったく違う体験だ。トークは言葉だけじゃない。全然違う。言葉を伝える「人」も大事なんだ。人同士がつながらなかったら、インパクトは与えられない。これ以上ないほど明快な説明と鋭い論理で、だれよりも素晴らしいトークをしても、はじめに観客とつながれなければ、メッセージは伝わらない。内容を理解してもらえても、そのアイデアは活用されず、頭の片隅に追いやられて、すぐに忘れられてしまうだろう。

人はコンピュータじゃない。人間は社会的な生き物で、だれもがひとクセ持っている。自分の拠り所とする世界観を汚すような危険な知識から身を守るため、人は武器をつくってきた。その武器には名前がある。懐疑心、不信、嫌悪、退屈、無理解。

もちろん、こうした武器は計り知れないほど役に立つ。耳に入ってくるすべての言葉を真に受けていたら、生きていけない。「コーヒーはガンのもと！」「ガイジンってキモい！」「この素敵な包丁を買って！」「僕なら君を喜ばせられる」。僕らは見たり聞いたりしたことを吟味してからやっと、現実的な思考の中に取り入れている。

だから、話し手としての最初の仕事は、観客の武装を解除して、人間同士の絆を築き、観客が自分から喜んで、数分間完全に心を開いてくれるようにすることだ。

武器のたとえが好みでないなら、旅のたとえに戻ってみよう。トークは観客をいざなう旅だ。素晴らしい目的地への完璧なルートは見つかったかもしれない。だけど、だれかを連れ出すには、その旅を魅力的に見せなくちゃならない。まずは観客がいる場所に行って、彼らの心をつかまないといけない。そう、信頼できる案内人だと思ってもらうのだ。それができないと、旅がはじまる前に冒険そのものがポシャってしまう。

ＴＥＤの観客はみな温かく登壇者を迎え入れてくれる。それでも、観客とつながれる講演者と、無意識に懐疑心や退屈や嫌悪感を生み出してしまう講演者とでは、インパクトに大きな違いが出る。

ありがたいことに、その大切なつながりを早いうちにつくるには、数多くの方法がある。ここで5つの方法を紹介しよう。

はじめからアイコンタクトをとる

人間は他人を第一印象で判断する。敵か見方か。感じがいいか悪いか。賢いか鈍いか。堂々としているか頼りないか。そうしたパッと見の判断の基準になるのは、おどろくほど軽いヒントだ。洋服。歩き方。立ち姿。表情。ボディランゲージ。目線。

優れた講演者は、すばやく観客とつながるにはどうしたらいいかを知っている。ステージで堂々と歩き、見回し、2、3人と目を合わせ、微笑むだけでもいい。「ストレスの利点」について語ったケリー・マクゴニカルのトークの出だしを見てみよう。

「実は、みなさんに告白しなければならないことがあります」（ここで立ち止まり、振り向き、手を下げて少し微笑む）

「でもその前に、みなさんに告白してほしいんです」（前に進み出る）

「この1年間に」（一人ひとりの顔をしっかりと見る）

「ちょっとストレスを感じたことがある方、手を上げていただけますか？」（謎めいた微笑みを見せる。これがそのすぐあとに100万ドルの笑顔になる）。ここで、あっというまに観客とのつながりが生まれている。

とはいえ、僕らがみんなケリーのように生まれつき流暢で、肩の力が抜けていて、美しいわけじゃない。でも、観客と目を合わせて、少しにっこりするくらいならだれにでもできる。これだけでも、ものすごい効果がある。インド人アーティストのラーガヴＫＫも、アルゼンチンの民主主義活動家のピア・マンチーニも、観客としっかりと目を合わせ続ける。彼らが話しはじめたとたん、どうしようもなく引き寄せられてしまう。

それには理由がある。人間は、目を見て他人を読むという複雑な能力を身につけてきた。だれかの顔を見るとき、ほんのささいな目の筋肉の動きを無意識に察知して、相手がどう感じているか、その人を信用できるかどうかを判断している（僕らがそうしている間、相手も同じように僕らを見ている）。

２人が見つめ合うと、「ミラーニューロン」と呼ばれる運動神経細胞が活動をはじめ、実際にお互いの感情を自分のものにすることが、研究で明らかになっている。僕があなたに笑いかけると、あなたも心の中で笑顔になる。ほんの少しだけ。でもその少しに意味がある。もし僕が緊張していると、あなたも少し不安になる。見つめ合うと、心も共鳴する。

どこまで共鳴できるかは、ある意味、直感的にお互いをどこまで信頼できるかによって決まる。信頼を生み出す最高の武器は？　もちろん、笑顔だ。自然な人間の笑顔（人はつくり笑いを見破れるし、そのとたんにごまかされていると感じる。ロン・ガットマンは「笑顔の隠れた力」について、ＴＥＤで話してくれた。この７分30秒のトークは必見だ）。

時々温かい笑顔を挟みながら観客と目を合わせると、トークの受けが大きく変わる（残念ながら、舞台照明でこれが難しくなることもある。煌々としたスポットライトのせいで、講演者から観客が見えなくなってしまうのだ。ステージに立って、観客とつながっていないように感じたら、舞台照明を少し暗くして、会場の照明を明るくするよう頼むといい)。

TEDの登壇者にトークの当日かならずアドバイスするのは、観客席にいる人たちとのアイコンタクトを欠かさないように、ということだ。温かく。リアルに。あなたらしく。すると扉が開き、観客はあなたを信頼し、好きになり、あなたの情熱を分かち合いはじめる。

ステージに上るとき、ひとつのことだけを考えていればいい。すぐ目の前に座っている人々と情熱を分かち合うチャンスに、あなたが心から興奮しているということだ。あわててトークをはじめてはいけない。舞台に上ったら、何人かを選んで、その目を見つめ、迎え入れるようにうなずき、笑いかける。そうすれば、準備は万端だ。

弱さを見せる

観客の構えをほどくもうひとつのいい方法は、はじめにあなた自身の弱さを見せることだ。西部劇では強面《こわもて》のカウボーイが酒場に入ってくると、上着の前をはだけて武器がないのを見せる。するとみんながほっとする。

ブレネ・ブラウンはTEDxヒューストンで、弱さについて素晴らしいトークをしてくれた。出だしはこのトピックにぴったりだった。

数年前、私が登壇するイベントの主催者が電話をかけてきました。そしてこう言うんです。「チラシにあなたのことをどう書いたらいいかわからなくて、すごく困ってます」。私は「なんで困ってるのかしら?」と思いました。すると、彼女がこう言うんですよ。「あなたの話を聞いて、『研究者』と書こうと思ったんですけど、『研究者』だとだれも来てくれないんじゃないかと心配なんです。だって研究者って退屈だし、現実離れしてるでしょ」

ここでもう、観客は彼女を好きになっている。

同じように、講演者が緊張していると、実はそれがいいほうに働く。聞き手はすぐにその緊張を感じとる。あなたは嫌われるのではないかと心配しているかもしれないが、その逆だ。観客はあなたを応援したくなる。緊張を抑えられない登壇者は、それを認めたほうがいい。言葉が出てこなかったら一息ついて、水を手に取って一口飲み、今感じていることを口に出せばいい。「少々お待ちを。みなさんお気づきだと思いますけど、ちょっと緊張してるんです。すぐに通常運転に戻りますから」。そんな講演者に観客は温かい拍手を送り、心から成功してほしいと願うものだ。

弱さはどんなトークでも強力な武器になる。その驚くべき力をTEDの舞台で示してくれたのが、脳外科医でベストセラー作家のシャーウィン・ヌーランドだ。ヌーランドは、深刻な精神疾患の治療に使われる電気ショック療法の壮大な歴史を語り終えたところだった。電気ショック療法とは、患者の脳に直接通電する治療法だ。ヌーランドは知識豊富でユーモアがあり、興味をそそらせ、ちょっぴり恐ろしさを感じさせてもくれた。だけど、彼はそこで話を止めた。「ここで私がこの話をしているのは、なぜでしょう？」。これまでに一度も公にしたことのない話を打ち明けたい、と彼は切り出した。会場は水を打ったように静まり返った。

「それは……30年前に受けた2度の長期に渡る電気ショック療法が私の命を救ってくれたからです」。ヌーランドは、自身が重度のうつ病を患っていたこと、症状があまりに悪化したために医師は脳の一部を切除する計画だったことを打ち明けた。脳にメスを入れるかわりに、最後の手段として電気ショック療法を試してみた。そして20回の処置のあと、やっと成功した。

自分の奥深くにしまった弱みを観客にさらけ出すことで、ヌーランドはそのトークをありえないほど力強く締めくくった。

私はこれまで自分をどこかニセモノのように感じていました。今、みなさんに打ち明けたことを、私の読者は知らないからです。今日ここで話をさせていただいた理由のひとつは、自分勝手なのですが、心の重荷を降ろして、これまであのような本を書いてきた私もまた決して問題のない人間ではないことを知ってもらうためでした。ですが、それ以上に、今日ここにいらっしゃるみなさんのほとんどは30代以下で、すごく前途有望なキャリアの先頭に立っていらっしゃるように見えます。でも、人生にはなにが起きてもおかしくありません。物事は変わります。思いがけないことが起きます。子供時代のなにかに苛《さいな》まれることがあるかもしれません。道を外すこともあるでしょう。ですが、信じていただきたいのです。私が戻ってこられたのだから、だれでも人生の逆境から復活できるはずです。そして、困難を乗り越えてこられたご年配のみなさん、私と同じようにすべてを失ってゼロからやり直したみなさんには、このことがおわかりになるでしょう。回復の道はあるのです。やり直せます。人生を取り戻すことはできるのです。

このトークは、絶対にみなさんに見てほしい。シャーウィン・ヌーランドは2014年に亡くなったが、彼の弱さとそれが生み出したインスピレーションは今も生き続けている。

弱さを打ち明けることは、講演者の強力な武器になる。でも、強力なだけに慎重に扱う必要がある。講演者の多くがここを誤解している、とブレネ・ブラウンは言う。「紋切型のお涙頂戴やわざとらしい打ち明け話では、観客は騙されているように感じ、講演者とそのメッセージを嫌いになってしまいます。弱さを出すといっても、なんでもかんでもさらけ出せばいいわけではありません。それには公式があります。限度のない弱さは弱さではない、ということです。一線を引かない弱さは、つながりの無理強いにも目立ちたがりにもなりますが、それは弱さではありませんし、つながりを築くことにもなりません。いちばんいいのは、なぜ弱みを見せようとするのかを深く探ってみることです。聞き手の役に立つからでしょうか？　それとも自分のためでしょうか？　前者には力がありますが、後者は信用を傷つけてしまいます」

自分の中で解決できていない問題を打ち明けるべきではない、とブラウンは言います。

「完全に自分のものにできていないストーリーを観客に話してはいけません。観客がどんな反応をしても、講演者が立ち直り成長できることが確かなときにはじめて、ストーリーを打ち明けていいのです」

本物の弱さには力がある。さらけ出しすぎに力はない。もしそれがわからなければ、正直な友達の前でトークを試してみるといい。

笑わせる——でも、不快にさせない

トークに集中してもらうのは大変なことだが、観客を味方につけるには、ユーモアが役に立つ。ソフィー・スコットが正しければ、人類の進化における笑いの目的のひとつは社会的な絆を築くことだ。あなたがだれかと一緒に笑うと、どちらも味方同士のように感じる。笑いはつながりをつくるのに最適なツールなのだ。

実際、多くの偉大な講演者にとって、笑いは強力な武器になってきた。ケン・ロビンソン卿がカンファレンスの最終日に話した「学校制度が創造性を殺している」というトークは、

2015年までに3500万回も再生されている。そのトークは、こんな言葉で始まる。「ここまで本当に素晴らしかったですね。度肝を抜かれました。というわけで、もう帰らせてもらいます」。ここで、くすくす笑いが起きた。そして、それは最後まで止まらなかった。最初の瞬間から、観客はロビンソン卿に引き込まれてしまった。ユーモアは、トークへの抵抗感を取り去ってくれる。冒頭から「笑い」というちょっとした贈り物を送ることで、講演者はそれとなく観客にこう伝えている。「親友のみなさん、私と一緒に旅に出ましょう。きっと楽しい旅になりますよ」

笑ってくれる観客は、すぐにあなたを好きになる。あなたを好きになってくれたら、あなたの言葉にも真剣に耳を傾けるようになる。笑いは相手の守りをほどき、あなたは彼らと本当に通じ合うチャンスを得る。

トークのはじめに笑いをとると、もうひとついいことがある。話し手が、聞き手とつながりつつあるという自信を持てるのだ。モニカ・ルインスキーは、トークの最中に観客が吹き出した瞬間、緊張がほどけたと言っていた。それが講演者に伝わるのなら、観客にも同じことが伝わるはずだ。笑いは、その集団が話し手との絆を築いたことを教えてくれる。そうすると、全員がもっと真剣に聞き入るようになる。

世界最高の講演者たちにも、この絆を築くことにトークの多くを割く人がいる。さっきのケン・ロビンソン卿のトークでも、はじめから11分のほとんどは教育関係の爆笑話で、それはメインのアイデアとはあまり関係がなく、観客との強い絆を築くためのものだった。観客はこう感じる。「これって、めちゃくちゃ楽しい。教育がこんなに面白いトピックだとは思わなかった。この人すごく魅力的。どこにでもついて行きたい」。そしてやっと真剣なモードに入って学校教育の創造性の欠如についてメインの論点を話しはじめると、観客はその一言ひとことを聞き漏らすまいと耳を傾ける。

同じように、ブライアン・スティーブンソンが法制度の不平等について語ったときも、トークの最初の4分の1を使って、おばあさんがどうやって彼に飲酒を禁じたかという話をしていた。観客は話のオチに大笑いし、そのとたん全員が話し手と強いつながりを感じていた。

ここで警告しておきたい。それだけの時間を笑い話に使って成功できるのは、特殊な才能なので、ほとんどの人にはおすすめしない。でも、聞き手がついにっこりしてしまうような短い話があれば、そのあとのトークが楽になるだろう。

SFコミック作家のロブ・リードは、まったく違ったタイプの笑いを提供してくれる。彼のトークはずっと真剣そのものだった。彼は「著作権の金銭価値」について真面目に分析していた。でも数分もしないうちに、彼が著作権法をからかっていることに気がついた。現在の著作権法は、楽曲の違法ダウンロードを1曲につき15万ドル相当の窃盗と同等に見なしているというのだ。忍び笑いが起き、それはすぐに大笑いへと変わった。

もちろん、いつもそんなにうまくいくとは限らない。数年前のある登壇者は、本人としてはものすごく笑えるジョークのつもりで、元妻についての微妙な話を語っていた。観客席にいた何人かの友達は笑っていた。でも残りの僕たちはうんざりしていた。別のトークでは、登壇者がだれかの言葉を引用をするたびにその著者の訛りを真似ていた。おそらく家族にはそれがウケていたのだろう。知らない人の前では、ただの恥さらしだ（あなたに特別な才能があるのでなければ、物まねは絶対にやめたほうがいい）。

30年前なら、性別、人種、障害者のジョークは問題にならなかった。そっち方面に行かないように。もうそんな時代じゃない。

ユーモアは熟練の技で、だれにでもできるものじゃない。下手な冗談なら、言わないほうがましだ。インターネットから借りてきたジョークはおそらくスベる。実際、ジョークそのものは、陳腐で、ぎこちなく、垢抜けない。トークに必要なのは、トピックに直接関連するような、真実の爆笑ストーリーか、愛情のこもったユーモラスな表現だ。

僕らのチームの中でだれよりもみんなを笑わせてくれるのがトム・ライリーだ。トムはTEDのフェローズプログラムの責任者で、カンファレンスの最後に登壇者を面白おかしくめった切りにして、総括してくれている。彼のアドバイスをここに挙げておく。

ー　トークの主題がユーモアに適しているときは、それに関連する逸話を語る。身のまわりに起きることを観察して、それを誇張するか編集するのがいちばんいい。

2　言い間違えたり、音響に不具合があったり、スライドが動かなかったりしたときのために気の利いた言葉を準備しておく。 観客にも同じ経験があるはずで、同情してもらえる。

3　ビジュアルにユーモアを盛り込む。 話していることと見せているものの対比で笑いをとることもできる。ビジュアルにはさまざまな笑いの可能性がある。

4　風刺を使う。 自分の意図と反対のことを言って、それから本当に言いたいことを伝える。だが、これをうまくやるのはかなり難しい。

5　タイミングが決定的に重要。 その瞬間がきたと思ったら、思い切って笑いをとりにいくといい。少し間をあけたほうがいい場合もある。しかも、拍手を求めているのではないとわかるようにしないといけない。

6　特に大切なこと。面白くない人間が、面白いふりをしないほうがいい。 家族や友達、仲間にそのジョークを試してみよう。笑ってもらえた？　もしだめだったら、違うジョークにするか、やめたほうがいい。

注意事項（笑いの才能に恵まれた人でも、注意してほしい）。

1　下品な言葉や攻撃的な表現。 とにかく使わないこと。深夜のコメディクラブとは違う。

2　川柳や、そのほかの一見面白そうな詩の類

3　ダジャレ

4　皮肉

5　長すぎる笑い話

6　宗教、人種、性別、政治に関わるジョーク。同じコミュニティの中ならウケるかもしれないが、それ以外の人には絶対にウケない。

状況によってはこれらがウケることもあるかもしれないが、自爆するかだれかを怒らせてしまう可能性のほうがはるかに高い。そうなると、取り返しがつかない。

人前で話す機会の多い人なら、自分らしい笑い話を探してみるといい。それが見つからなくても、焦る必要はない。全員が笑いに向いているわけじゃない。観客とつながる方法は、他にいくらでもある。

エゴをどこかにしまう

自分のことで頭がいっぱいの人を信用できるだろうか？　自慢話の臭いがしたら、トークは台無しになってしまう。それがトークのはじめのほうで臭ってきたら、注意が必要だ。

何年も前になるが、今もありありと覚えているトークがある。こんな出だしだった。「私が生きる伝説になる前……」。もうそこで、その場で、ぜったいにうまくいかないと確信した。その登壇者は商業的に大きな成功を収めたばかりで絶好調だったし、成功談をこれでもかと語っていた。トーク中にシーっというヤジが飛んだのは、僕の記憶では、あとにも先にもその一度きりだ。たとえあなたが本当に天才だとしても、息を飲むほど美しいアスリートだとしても、恐れを知らぬリーダーだとしても、自分からはそう言わないほうがいい。

ＴＥＤに登壇してくれたサルマン・カーンは、完璧にこう表現していた。

自分らしくしていればいい。自分じゃないだれかになろうとしてるトークは最悪だ。いつもおちゃらけているなら、おちゃらければいい。感情的なら、感情を出せばいい。だけど、傲慢で自己中な人間なら、話は別だ。その時は、必ず別人のふりをしたほうがいい。

わざわざ自虐的なジョークを準備していく講演者もいる。

ダニエル・ピンクは経験豊富な講演者で、モチベーションについての彼のトークは１０００万回以上再生されている。彼は自信満々な様子でステージに上り、少し大きすぎる声で話しはじめた。でも、最初の数行で、僕らはみんな彼の手の中におちてしまった。彼はこう言った。

はじめに、告白しときます。20年ちょい前にやらかしてしまったことがあります。今でも後悔してるし、誇りに思えないし、だれにも知られたくないことだけど、告白しなくちゃいけないような気がしてるんです。１９８０年代の終わり、僕は若気の至りでロースクールに行ってしまいました。

見事だ。やっぱり彼を好きになってしまった。

自虐ネタは、うまい人の手にかかれば、ぴたりとはまる。トニー・ブレアは自虐ネタの達人で、ともすれば敵になりそうな観客を味方につける。イギリスの首相になる前だが、あるとき彼はリーダーとしての資質を疑われかねないような逸話を、申し訳なさそうに話しはじめた。オランダを訪問中、彼は要人との食事会で、50代の上品な女性に出会った。その女性はブレアに名前をたずねた。「トニー・ブレアです」「お仕事はなんですの？」「イギリス労働党の党首ですが」。ブレアは女性の名をたずねた。「ベアトリスです」「お仕事は？」（気まずい間）「オランダ女王ですけど」。オランダの女王と食事をしたと自慢すれば、その場で観客を失っていただろう。わざと自分を落とすことで、ブレアは笑いと愛情と信用を勝ちとっていた。

エゴはさまざまな形で表に出るし、注目されることに慣れた講演者はそれに気づかないこともある。

・有名人の名前をちりばめること
・ただ見せびらかすための逸話

- 自分や自分の会社の成果を自慢すること
- 他の人に役立つアイデアを話さず、自分のことばかり語ること

基本に立ち戻って、トークの目的はアイデアを贈ることで自分を宣伝することではないと思い出してほしい。それでも、失敗してしまうこともある。自分のことはなかなか自分ではわからないものだ。上に立つ人にはみな、正直なフィードバックを与えてくれる、信頼できるだれかが必要だ。相手の気分を害したり、怒らせたりすることを恐れない人が必要だ。最近の成果を誇らしく思っているなら、その信頼できる人にトークを聞いてもらって、ガツンと言ってもらったほうがいい。「すごくいいところもあった。でも正直に言っていい？　ちょっと図に乗りすぎてない？」

ストーリーを語る

ストーリーは大切なので、次の章をまるまるそれに使うつもりだが、ストーリーの重要な役割は観客とのつながりを生み出すことだ。

人はだれしもストーリーが大好きだ。ストーリーはその場で興味、共感、感情、好奇心を呼び起こす。それはトークの背景を見事に設定し、トピックを大切に思わせる。

ストーリーはトークのどの段階でも強烈な効果を発揮する。冒頭にもってきてもいい。中盤

で例を語ってもいい。あまり多くはないけれど、トークの締めとしても役に立つ。アーネスト・シロリは、アフリカでの開発援助に向けたよりよい取組みについて語るつもりだった。こうした難しい課題を取り上げる場合は特に、最初に聞き手との絆を築いておくことが大切になる。彼のやり方を紹介しよう。

イタリアからやってきた僕たちの最初のプロジェクトは、ザンビア人に作物の育て方を教えることでした。僕らはザンビア川下流の壮大な渓谷地にイタリアの種子を持ち込んで、地元の人にトマトやズッキーニの栽培を教えるつもりでした。もちろん、地元の人はまったく興味を持ってくれませんでした。これほど肥沃な渓谷になんの農作物もないことに、僕らは驚きました。僕らは、なにも栽培していないのはなぜかを聞きもせず、こう思ったんです。「ここに来て本当によかった。ザンビアの人たちを飢えから救うのも時間の問題だ」。だって、アフリカならなんでもよく育つはずですから。すごく美味しいトマトとか……そして、信じられないことに、僕らはザンビアの人たちに「農業って簡単でしょう」なんて言ってたんです。トマトがいいぐあいに赤く熟れてくると、何百匹ものカバが突然川から現れて、全部食べてしまいました。僕らが「マジか!? カバかよ!」とザンビア人に言うと、彼らはこう答えました。「ええ、だからここには農業がないんです」

笑いと自虐と洞察をひとつのストーリーに織り込めたら、出だしは大成功だ。観客とのつながりをつくってくれるのは、あなた自身のストーリーか、あなたに近い人のストーリーだ。失敗談、気まずかった話、不運、危険、災厄の話が真に迫っていると、中立的だった聞き手があなたに肩入れしはじめる。観客はあなたに感情移入する。あなたを気にかけはじめる。あなたを好きになりはじめる。

でも、注意したほうがいい。その話が自慢と取られることもあれば、わざとらしいと思われることもある。問題を見事に成功に変えたと説明すれば、観客とつながるどころか、逆に遠ざけてしまいかねない。講演の終わりに長男の写真をポケットから出して、このトークを不治の病を宣告された息子に捧げますと言えば、同情されるどころか聞き手に居心地の悪い思いをさせてしまうだろう。

基本は、本物であることだ。そのストーリーを語っているのは、本当のあなただろうか？昔からあなたを知る友達たちにそのストーリーを話せるかどうかを想像してみるといい。もし話すとしたら、どんな風に話すだろうか？　友達はニセモノをかぎ分ける。聴衆もそうだ。本物なら、大失敗にはならない。

このアドバイスは、つながりについてのこの章すべてに言えることだ。僕はつながりをツールまたは、テクニックと言ったこともある。でも実はツールやテクニックととらえないほうがいい。それはつながりたいという本当の気持ちの表れでなければならない。あなたは人間だ。

聞き手も人間だ。観客を友達だと思おう。そして彼らに語りかけよう。

偏狭な人たち

最後に、つながりを妨げるいちばんの要因について、どうしてもひとこと言っておきたい。それは偏狭な考え方だ。政治であれ、宗教であれ、人種であれ、自分と違う考えをすべて拒絶するコミュニティのメンバーは、かなり手ごわい観客になる。

先ほど僕がトニー・ブレアの話をしたことは、あなたの気に障っただろうか？ 長年権力の座につき、特にイラク戦争を支持したことで、一部の人はブレアという名前を聞くだけで頭に血がのぼるほど彼を嫌っている。そんな人たちにとって、僕の挙げた例はふさわしくないように思えるだろう。その事例の目的など無視されてしまう。

政治はそうなりやすい。宗教もそうだ。ひとつの考え方に偏り過ぎて、話し手がそれを脅かしているように感じると、スイッチが切り替わってしまう。相手の話を聞かずに、耳を塞いで内にこもるのだ。

これは大きな問題だ。このところ社会に大きな影響を与えたスピーチのひとつが、アル・ゴアのプレゼンテーションだ。2005年にはじまったこのプレゼンはその後、グローバルな気候危機を訴える『不都合な真実』というドキュメンタリー映画になった。ゴアはありとあらゆるスピーチのテクニックを駆使していた。説得力のあるスライド、計算されたロジック、雄弁さ、ユーモア、情熱的な政策提言、反対意見への辛辣な揶揄、娘についての感動秘話。TEDの特別限定セッションで公開されたゴアのトークは、多くの参加者の人生に深い影響を与え、中には仕事を辞めて気候問題の解決のためにフルタイムで働きはじめた人もいたほどだった。

でもひとつ問題があった。アル・ゴアは政治家で、アメリカの世論は党派によってはっきりと二分されている。党派の壁は信じられないほど高く、反対政党の意見はどんなものも拒絶される。アメリカ人の半分はこれまでにないほどゴアに強い絆を感じ、『不都合な真実』を絶賛し、彼らの世界観は永遠に変わった。残りの半分は決してつながろうとしなかった。彼らは完全に耳を閉ざしていた。ゴアという政治家が主張しているというだけで、本当のはずがないと思い込んでしまっていた。その10年後、気候問題はこれまでになく政治問題になっていた。科学の問題のはずが、悲しいことに、政党の足並みを揃えるための踏み絵になっていた（もしディック・チェイニーかカール・ローブが重要なグローバル問題に取り組んでいたら、左派にも同じことが起きていたかもしれない）。

政治（と宗教）の分断は、現代世界の悲劇だ。人々が聞く耳を持たないと、コミュニケーションは成り立たない。

あなたに過激なまでに反対する人たちに声を届けようと思ったら、その人たちの身になって考えるしかない。偏狭な反応を引き起こすような言葉を使ってはいけない。彼らの目から見た世界観からはじめなければならない。そして、ここで紹介したツールをすべて使い、同じ人間としてつながりを築かなければならない。

幸い、たいていの講演では、参加者は登壇者を温かく迎え入れてくれる。あなたはすぐに観客とつながりをつくれるはずだ。そうなれば、あなたのトークは本当の輝きを見せるだろう。

6

Talk Tools

Narration

ストーリーを語る

物語に入り込ませる

ストーリーは今の僕たちをつくってきた。文字通りの意味で。人間の精神が物語りと共に進化してきたことは、考古学でも人類学でも裏付けられている。

およそ100万年前、類人猿が火を使いはじめ、それが人類の発達に大きな影響を与えた。暖を取ること。天敵から身を守ること。料理。脳の発達。だがそれだけじゃない。

火は社会的なつながりの場を生み出した。日没後に、人びとは火の暖かさと揺れる灯りに集うようになった。30万年の歴史の中で、すべての狩猟文化でそれが起きていた。

では、みんなで集っている間、なにをしていたのだろう？　どうやら多くの文化で、ある交流パターンができていた。それは、物語りを語ること、つまりストーリーテリングだ。

人類学者のポリー・ワイズナーは、40年にわたって採食文化を研究し、いつだれがなにを言ったかを定期的に記録してきた。2014年に彼女は論文を発表し、日中と夜間の集まりには劇的な違いがあったことを示した。日中の話は、大人数でも経済議論やゴシップが中心だった。夜になるとリラックスしたムードが漂っていた。歌や踊りや儀式があった。だが、ストーリーテリングの時間がいちばん長かった。遠い場所から火のあるところに人々が持ち寄る話は、聞く人の心と頭に焼き付いた。生きている人の話と死んだ人の話。今の話と遠い昔の話。笑いや緊張や驚愕を引き起こす話。男性の語る話。女性の語る話。ストーリーテリングの達人の多くは老人だった。視力を失ってもなお達者なストーリーテリングで崇められる人もいた。

こうしたストーリーが人間の想像力や夢を見る力を伸ばし、他人の心を理解する力を伸ばすことに役立ったとワイズナーは言う。ストーリーを通して、人間の精神は小さな集団の垣根をはるかに超えて、広大なソーシャルネットワークを探索し、想像上のコミュニティをつくった。偉大なストーリーテラーは社会で高い地位に上り、偉大な聞き手は実生活に役立つ知見を得た(たとえば、注意深い聞き手は、ストーリーを通して生命を脅かすような危険を避ける方法を身につけられた)。だから、人類の進化においてストーリーを語る技術と聞く技術が選択されたのだろう。

ということは、人間はただストーリーを聞くのが好きというだけではないはずだ。おそらく、ストーリーは人間が情報を受け渡す、ひとつの形となってきた。

もちろん、このストーリーの力は今も続いているし、小説や映画やテレビの周辺に数十億ドル規模の産業が築かれていることからも、それは明らかだ。

だから優れたトークの多くがストーリーテリングに基づいていることもまた、驚くにあたらない。難しい説明や複雑な議論と違って、ストーリーならだれもが身近に感じられる。シンプルな筋書きのあるストーリーは、ついていきやすい。聞き手は一歩ずつ、語り手と共に旅ができる。キャンプファイアを囲んできた長い歴史のおかげで、人間の心は物語りをたどることに長けている。

ストーリーを聞いていると自然に、登場人物の経験に共感するようになる。キャラクターの考えや感情が乗り移る。実際、彼らが感じていることを、身体で感じるようになる。彼らがストレスを感じたり、興奮したり、ウキウキしていると、あなたもそうなる。そして結末が気になる。だから集中を保てる。

では偉大なストーリーにはどんな要素があるだろう？　古典的な法則はこうだ。なにかを目指す主人公が意外な壁に突き当たり、危機に陥る。主人公は壁を乗り越えようとし、クライマックスを迎え、最後にめでたしめでたしとなる。（途中で邪魔が入ったり、ひねりが加わったりすることもある）。

ストーリーを語るときには、次の４つのことが大切だ。

- **観客が共感できるような登場人物を主人公にすること**
- **好奇心、社会的な関心、実際の危険を通して緊張を盛り上げること**
- **適度な量のディテールを盛り込むこと。**少なすぎるとストーリーが生き生きとしない。多すぎるともたついてしまう

・最後に笑いや感動や驚きできちんと締めくくること

もちろん、すべては語り口にかかっているので、細かい調整は必要になる。自分自身のストーリーの場合は特に、自分には大切でも観客にとってはどうでもいいディテールを詰め込みすぎてしまうことが多い。最悪なのは、いちばん大切な部分を忘れて、ストーリーの意味が通じなくなってしまうことだ。

こんな話がある。

僕が8歳のとき、父が釣りに連れていってくれました。小さなボートに乗って、岸から5マイル（8キロメートル）離れた沖で、嵐が吹きはじめました。父は僕に救命胴衣を着せ、耳元で「俺を信頼してるな？」とささやきました。僕はうなずきました。父は僕をボートから放り出しました。ウソじゃありません。僕を放り投げたんです。僕は水中に投げ出され、水面に浮かび、必死に息をしようともがきました。ものすごく冷たかった。波は死ぬほど恐ろしかった。巨大でした。すると、父が僕を追いかけて飛び込んできました。小さなボートが転覆して沈むのを、僕は恐怖で震えながら見ていました。父はその間ずっと僕を抱えて、大丈夫と言い続けていました。

15分後に沿岸警備隊のヘリコプターが来ました。父はボートが沈むことを察知して、正確な位置を連絡していたんです。父は転覆するボートの下敷きになるより、僕を海に放り投げたほうが安全だと考えたのです。僕はこうして信頼という言葉の本当の意味を知ることになりました。

こちらはダメな例だ。

僕は8歳のとき、父とサバ釣りに行って嵐に遭遇し、そこで信頼を学びました。僕たちは、嵐の前に1匹も魚を釣れませんでした。父はボートが沈むことを察していました。僕たちのボートはサターンというブランドのゴムボートで、普通ならかなり強いのですが、一度穴が開いたので、また破れるかもしれないと父は予想していたのです。いずれにしろ、その嵐はゴムボートには激しすぎ、ボートはすでに沈みかけていました。そこで父は、こんな日のために24時間365日待機している沿岸警備隊に連絡しました。そして僕たちの位置を伝え、水中に沈んで身動きが取れなくなっては困るので、僕に救命胴衣を着せ、ボートの外に放り投げ、自分も海に飛び込みました。それから沿岸警備隊が来るのを待っていると、15分後にヘリコプターが姿を見せました。シコルスキMH60ジェイホークだったと思います。僕らは無事でした。

最初のストーリーには、気になる登場人物がいて緊張のドラマがあり、それが思わぬ方向に展開して最後に見事に解決する。2番目のバージョンはぐちゃぐちゃだ。父親の意図を最初に明かしてしまったので、ドラマがない。子供から見た実際の経験が語られていない。聴衆のほとんどにはどうでもいいディテールが多すぎる割に、巨大な波といった重要なディテールは無視されている。最悪なのは、ストーリーの要になる「俺を信頼してるな?」という大切なセリフが抜け落ちていることだ。ストーリーを語るなら、「なぜ」それを語るのかをしっかりと自覚し、そのポイントに関係のないディテールは取り除き、出来事を生き生きと思い浮かべられるだけの材料は残しておかないといけない。

優れたトークには、ひとつのストーリーだけを題材にしたものもある。この構造には大きな利点がある。

- **スルーラインがすでに決まっている**（ストーリーがスルーラインだ）
- **ストーリーに説得力があれば、観客から強い反応を引き出せる**
- **そのストーリーがあなたについてなら、あなたが気にかけているものに共感が生まれる**
- **直線的に話が進み、人間の脳は出来事を順番に思い出すことに慣れているので、次になにを言うかをすぐに思い出せる。**

そこで、自分自身のストーリーを語るだけの講演者も多い。それがいちばんシンプルで準備に手間がかからない。それなら気分も楽だ。自分のストーリーだからよくわかっている。観客よりも自分のほうが詳しいことは間違いない。

もしあなたがこれまでに驚くような旅をしてきて、そのストーリーに一貫性があれば、この手のトークは成功するだろう。

だが、ここにも落とし穴がある。思い出してほしい。目標は与えることだ。個人的なストーリーはそれに失敗してしまうことがある。そのストーリーは話し手のエゴを満足させ、引き立て、高めるかもしれない。でも、聞き手のおみやげになるようなものを自動的に与えてくれるわけじゃない。洞察、実践的な情報、ものの見方、背景、希望があるとは限らない。

それは本当に残念なことだ。説得力のあるストーリーはあっても話をひとつにまとめるような核になるアイデアがない場合は、TEDトークとして採用されない。そんな話し手はたいてい素晴らしく魅力のある人たちなので、お断りするのは忍びない。だが、全体をまとめるアイデアがなければ、残念ながらいいスピーチにはならない。

カギになるのは、あなたの旅のいちばん重要な瞬間を、他者に意味のある形でつないで、芸術的に編集することだ。あなたの人生がどれほど感動的でも、うまく編集されていなければ、トークにまとまりがなく自己満足だと思われてしまう。でも、その旅があなたの身につけた強いなにかを表に出し、その旅の一歩一歩が謙虚さと正直さと弱さを現していれば、聞き手は喜んであなたと一緒に旅に出るだろう。

あなた自身のストーリーを語るとき、絶対に譲れないことがもうひとつある。その話は真実でなければならない。当たり前だと思われるかもしれないが、話を盛ったり、でっちあげたりする人も中にはいる。ストーリーの力が大きいからこそ、自分や自分の組織をできるだけよく見せようとして、「真実」の一線を超えてしまうのだ。そんなことをすれば、一発で評判は地に堕ちる。トークが一般公開されれば、数えきれない人の目にさらされる。なにかがおかしいと気づく人がひとりでもいれば、大問題になる。そんなリスクをとるべきじゃない。

真実のストーリーをだれかの役に立てたいと思うとき、あなたは聞き手にすばらしい贈り物を贈ることができる。

心理学者のエレノア・ロングデンは、大学時代に頭の中で幻聴を聞くようになり、その後統合失調症の診断を受けて入院し、自殺の瀬戸際まで追い詰められた。それだけでも惹きつけられるストーリーだが、ロングデンは観客が統合失調症や精神疾患について気づきを得られるように、またそうした疾患への考え方を改められるように、トークを組み立てていた。その締めの部分をここで紹介しよう。


だれかの癒しを助けることは、この上ない光栄ですし、特権でもあります。その証人となり、手を差し伸べ、痛みを分かち合い、回復への希望を掲げることは、なによりの喜びです。また同じように、苦悩と逆境を生き抜いた人は、過去の傷を一生引きずって生きる必要はありません。私たちたちはみな一人ひとり違います。私たちは替えのきかない存在です。私たちの中にあるものを、だれも所有したり、変えたり、取り上げたりすることはできません。その光は決して消えないのです。

探検家のベン・サンダースは、南極探検であやうく命を落としかけた。彼は優れたストーリーテラーで、見事な写真で起きたことを見せてくれる。彼のトークが終わりに近づき、僕ら観客は冒険談によくある締めの言葉を待っていた。どんな挑戦をするにしろ、外に出て本当の自分を見つけよう、といったものだ。でも、ベンは違った。南極探検の後で失望の日々を送ったことを打ち明け、長年夢見てきた目的地は旅そのものほど満足できなかったと語った。そこから得られたものは？　幸せは遠くにはないということだ。

もし今日、今、ここで、この旅に、混乱と模索に、堂々巡りに、永遠のやるべき事リストに、次こそはというくやしさに満足できなければ、私たちはいつまでたっても満足することはないでしょう。

作家のアンドリュー・ソロモンは、子供時代のいじめについて語ったが、自分がゲイであることを告白することなく、そのストーリーをだれもが共感し学べるようなアイデンティティについてのわかりやすい打ち明け話に変えていた。

私たちの人間性を奪おうとする人は必ずいるし、それを取り戻すストーリーも必ずある。私たちが声をあげて生きれば、憎しみを打ち破り、すべての人の人生を広げられる。

子供の創造性の大切さを語ったケン・ロビンソン卿の爆笑トークの要になっていたのは、あるストーリーだった。1930年代、ある医師が、学校で落ちこぼれの女の子が踊りが大好きでその感情を抑えられないことに気づいた。その医師は少女を薬漬けにするかわりに、母親を説得して、女の子をダンススクールに送らせた。その少女こそ、ジリアン・リンだ。アンドリュー・ロイド・ウェーバーの振付師として彼女は大成功を収めた。独特なロビンソン節で語られたこのストーリーは、学校での創造性の取り扱いにひそむ危険と可能性を感動的に描き、笑いをインスピレーションに変えてくれた。

たとえの力

ストーリーの中にはよく練られたメタファー（比喩）もある。いわゆる「たとえ話」だ。

伝統的なたとえ話といえば、道徳か宗教の教訓を伝えるストーリーだ。歴史上の宗教指導者はそれをツールとして効果的に利用してきた。イエス・キリストのストーリーは、言うまでもなくケン・ロビンソン卿のトークよりはるかに何度も再生されている。「たとえ話」とは、比喩の力を持つすべてのストーリーを指すと言っていい。

ローレンス・レッシグ教授はたとえ話の名手だ。レッシグは2013年のTEDに登壇し、アメリカの政治プロセスが取り返しのつかないほどカネまみれになっていると訴えた。彼がたとえたのは、レスターランドという仮想国家で、そこではレスターという名前の人しか投票権がない。もちろん、バカバカしい話だ。だけどそこで、アメリカにいるレスター姓の人口と、大物政治献金者の人数がほぼ同じだと彼は明かした。議員はこうした献金者の要求を優先する。実際に政治家が大事にするのは、献金者の考え方や票だけだ。このたとえによると、僕らはレスターランドの住人ということになる。

マルコム・グラッドウェルもまた、たとえ話の達人で、彼の本の売れ行きやTEDトークの再生回数がたとえ話の威力を証明している。彼のいちばん人気のトークは、なんと、新しいパスタソースのつくり方についてだ。それは、質問が正しくなければ、人は自分がなにを欲しいかを答えられない、というたとえだった。

こうしたトークの面白さは、ストーリーから意味を引き出すその方法にある。話し手は、頭のいい観客に、ストーリーから引き出される結論を押しつけたくはない。とはいえ、聞き手が確実に点と点をつなげられる程度の材料はきちんと与えたい。そこで、観客を知ることが重要になる。たとえ話は、すでにその分野に詳しい観客には通じるが、そうでない人にはなかなかわかりづらい。観客に近い人にあなたのたとえ話を聞いてもらい、はっきりと意味が通じるか、わけのわからないたとえになってないかをチェックしたほうがいい。

たとえ話には、その他にもたくさんのリスクがある。たとえがトピックに合っていないこともある。たとえ話に啓発されることも多いが、誤解を招くことも多い。ストーリーに長い時間を使いすぎ、肝心の結論を引き出せないこともある。それでも、たとえ話は一度に楽しさと情報と感動を伝えられる。

ストーリーにはもうひとつの強力な役割がある。説明だ。説明のためのストーリーは、トークの目玉にはならない。裏付けに使われるほうが多い。アイデアを解説したり強調したりするための短い逸話として挿入されることがほとんどだ。このようなストーリーの使い方については次の章で深く掘り下げていく。

いずれにしろ、このことは覚えていてほしい。ストーリーはどんな人の心にも深く響く。ひとつのストーリーや、いくつかの関連するストーリーを語ることで、話し手は聞き手とのつながりをはるかに強いものにできる。

だけど、肝心なことを忘れないように。ストーリーに意味を持たせてほしい。

7

Talk Tools

Explanation

説明する

難しいコンセプトを説明する

ハーバード大学の心理学者ダン・ギルバートは手ごわい目標を持ってTEDにやってきた。一度の短いトークで、「合成された幸福感」と呼ばれる複雑なコンセプトを説明し、なぜそれが的外れな予想につながるかを語ることだ。

では、彼がどんな風にやってのけたか見てみよう。これがトークのはじまりだ。

話す時間が21分しかないと、200万年がすごく長い時間に思えますね。

最初のひとことで観客をつかみ、それからすぐに好奇心をくすぐる。

ですが、進化論的には、200万年はなんでもありません。200万年の間に人間の脳は3倍になりました。化石人類のときには1・5ポンド（約680グラム）だった脳が、ここにいる私たち全員の耳と耳の間にあるおよそ3ポンド（約1キロ360グラム）のミートローフになったのです。自然はなぜそんな大きな脳を私たちに与えたのでしょう？好奇心が湧いてきたのでは？　これがうまい説明への第一歩だ。いったん好奇心が湧き上がると、観客は心を開く。新しいアイデアが欲しくなるのだ。

ギルバートは続けてこんな風にからかった。

脳が3倍になったといっても、容量が増えただけではありません。構造が変わったのです。脳がそこまで大きくなった主な理由は、新しい領域ができたからです。前頭葉皮質です。進化上の瞬きほどの時間に頭蓋骨の中の構造をまったく変えてしまうほど、前頭葉皮質は大きな役目を担っています。

ギルバートは続けて好奇心を刺激しながら、トークの土台になる最初のコンセプトに焦点をあてた。

前頭葉皮質のもっとも大切な役目のひとつが、疑似体験機能です。パイロットは実際の飛行で失敗しないよう、フライトシミュレーターで練習します。人間には驚くべき適応性があり、なにかを現実の生活で試す以前に頭の中で体験できるんです。ですが、私たちの祖先にはそんな技はありませんでしたし、他の動物にもそんなことはできません。それは奇跡のような機能です。直立歩行や言語の発達にもまして、人間という種を森から出してショッピングモールへと向かわせたのは、この機能なんです。

ユーモアをたっぷり交えながら、彼は新しいコンセプトを紹介する。疑似体験機能だ。これが次のカギになる構成要素だ。このコンセプトのたとえが、フライトシミュレーターだ。聞き手はフライトシミュレーターを知っているので、疑似体験機能がどんなものかを想像できる。だけど、事例を出せばもっとわかりやすくなるだろうか？　もちろんだ。

アイスクリームチェーンのベン＆ジェリーズにはレバーと玉ねぎ味のアイスはありません。でもそれは調理して、試食して、オエッとなったからじゃありませんよね。実際に試してみなくても、そのフレーバーを想像してオエッと感じるからです。

こうして疑似体験の実例を生き生きと描くことで、観客は完璧に理解する。その後で、あれっと思わせるひねりが入る。

では、あなたの脳の疑似体験機能がどう働いているかを見てみましょう。その前に、まず簡単な診断テストをしてみますね。みなさんに2つのまったく違う未来を想像してもらいます。それを頭で疑似体験し、どちらがいいか教えて下さい。片方は宝くじに当たった場合です。もう片方は半身不随になった場合です。

観客は笑いながらも少し緊張し、次になにが来るのだろうと考えている。そして、次に来るのは本当に意外なスライドだ。宝くじに当たった人たちも、半身不随になった人たちも、1年後には同じくらい幸福だということをデータは示していた。なんだって？ ありえない！ 疑似体験機能という新しいコンセプトが、予想もしない場所へ突然あなたを連れて行ったのだ。まったく不可解だ。理屈が通らない。観客は違和感を感じ、たまらなくそのギャップを埋めてほしくなる。

そこで、ギルバートはその溝を埋めるため、次の新しいコンセプトを紹介する。

私の研究室の調査で……驚きの事実が明らかになりました。私たちはそれをインパクト・バイアスと呼んでいますが、疑似体験機能が誤作動してしまうということです。そのために、結果の違いを実際よりはるかに大きく見積もってしまうのです。

「インパクト・バイアス」という名前をつけることで、その謎により信憑性が出る。そこで、聞き手の好奇心はメラメラと燃え上がり、知識の溝を埋めたくて仕方がなくなってくる。未来の幸福度をここまで間違って予想するなんてことがあり得るだろうか？　好奇心が高まったところで、ギルバートはいちばん重要なコンセプトを持ち出す。

現地調査から研究室での実験まであらゆる研究を通じて、選挙に勝つか負けるか、両想いになるか振られるか、昇進するかしないか、大学入試に受かるか落ちるかは、人々が思うほどインパクトはなく、強烈でもなく、長続きもしないことが見えてきました。そして、腰が抜けるほど驚いたのは最近のこの調査です。人生の大きなトラウマがどのように人々に影響するかを調べたところ、3カ月以上前に起きたことなら、わずかな例外を除いて、幸福度にまったく影響を与えていませんでした。

なぜでしょう？　幸せが合成できるからです。人間は心理免疫システムを備えています。それは、認知プロセス、主に無意識の認知プロセスのシステムで、このシステムが今自分のいる世界により満足できるように、自分の世界観を変える役目をしているのです。

ここでやっと「合成された幸福」の説明が出る。前頭葉皮質、疑似体験機能、インパクト・バイアスというコンセプトの上に、それが成り立っている。そしてギルバートはまたしても免疫システムという比喩を使っている。観客はすでに免疫システムがなにかを知っているので、心理的な免疫システムと言えばそれを想像しやすい。このコンセプトをいきなり登場させるのではなく、ギルバートはひとつずつ順に要素を紹介し、それらの要素がどう結びつくかを比喩を使って導き示している。

それでも、観客は100パーセント納得しているわけではない。そこでギルバートは心理免疫システムの実例をいくつか挙げて、それがどんなものかを紹介していく。

• 汚名を着た政治家が、失脚してよかったと言う
• 無実の罪で37年間も服役した人が、それを「素晴らしい経験」だったと言う
• ビートルズをクビになったドラマーのピート・ベストが、ビートルズのメンバーになるより今のほうが幸せだと言う

これらの例は、彼の言いたいことをズバリと表している。ギルバートは続けて、この現象がどこにでも見られること、それを知っていればより賢く幸せな人生を送れることを示していく。結局、幸せをつくり出せる力をみんなが持っているとすれば、それを追い求める必要がどこにあるのだろう？

ここまで、説明の達人が使ったワザを見てきた。では、そのおさらいをしてみよう。

ステップ1　聞き手のいる場所からはじめた。「21分のスピーチは……」と切り出し、文字通りの意味でも概念的な意味でも、心理学や神経科学について聞き手が知識豊富でなくてもわかるようにはじめた。

ステップ2　好奇心に火をつけた。なぜ？　どうして？　という気持ちを起こすのが好奇心だ。なにかおかしいという気持ちだ。そこに、知識の溝を埋めたいという欲求が生まれる。このトークではじまりからその気持ちを起こさせ、宝くじの勝者と半身不随の人のとの意外なデータによって、その気持ちをドラマチックに高めていった。

ステップ3　ひとつずつコンセプトを持ち出していった。最初に土台となるコンセプトを、この場合には前頭葉皮質、疑似体験機能、インパクト・バイアスを積み上げ、下準備を整えてから最後にいちばん説明したいコンセプトを紹介した。

ステップ4　たとえを使った。フライトシミュレーターや心理免疫システムといったたとえを使って、聞き手にはっきりと理解してもらうようにした。説明には、不可解なデータと人間の脳の働きとをつなげないと聞き手は納得できない。それをする上で、たとえや比喩は重要なツールになる。たとえや比喩によって、聞き手を「なるほど」と納得させられる。

ステップ5　例を挙げた。ピート・ベストのようなちょっとしたストーリーによって、説明が腑に落ちた。脳にこう言っているようなものだ。「このアイデアを理解したよね。じゃあ、これらの事実に当てはめてみよう。納得できたら、きちんと理解したってことだ」

ギルバートが説明を終えた時点で、僕らの脳のモデルは更新されていた。より豊かに、より深く、より真実に近くなっていた。現実をより反映するものになったのだ。

説明とは、だれかの脳のモデルに意識的に新しい要素を加えたり、今ある要素をより腑に落ちる形に並べ替えたりすることだ。僕が言ってきたように、優れたトークの目標がだれかの頭の中にアイデアを築くことだとしたら、説明はその目標達成に欠かせないツールになる。

巧みな説明によって人々に大きなインパクトを与えたTEDトークは多い。そんな偉大なトークが与えてくれる贈り物には、美しい名前がある。「理解」だ。より現実に即した世界観、と言ってもいい。

神経科学から心理学から教育理論まで、さまざまに異なる分野の研究でも、「理解」に至る構造は裏付けられている。それは階層になっていて、それぞれの層から生まれる要素が次の層を構成している。まずは知っていることからはじまり、それにひとつずつ新しい知識が加わり、それぞれの部分がわかりやすい言葉で位置づけられ、たとえや事例によって支えられている。たとえ話は、新しいコンセプトの「形」を明らかにし、それによって脳はそれをどこに落とし込むかを知る。コンセプトの形がわからなければ、正しい場所に置けない。だから、トークの準備をする際に、紹介したいコンセプトと、そのコンセプトをわかりやすく理解させるための事例やたとえ話を適正なバランスで組み入れることが大切になる。

辞書編集者のエリン・マッキアンは、たとえ話の力をこんな例で語っていた。

もしあなたが素人にＪａｖａスクリプトについて話すとしたら、まずは、コンピュータプログラムとは、普通は一連の指示を順番にひとつずつ実行するものだ、というところから説明しますよね。ですが、Ｊａｖａスクリプトでは、指示は非同期、つまり、4行目の次に必ず5行目が実行されるとは限りません。朝、出かける準備をするとき、ジーンズをはく前に靴をはくなんて考えられますか？（または、下着をつける前にジーンズを履くなんて考えられますか？）Ｊａｖａスクリプトではそれができるんです。

たった1行のたとえで、「なるほど！」と急に頭がすっきりする。

あなたのトークの目的が強烈な新しいアイデアを説明することなら、こう自問してみるといい。観客にどの程度の知識があることを前提にしているだろう？　全体をつなげるテーマはなんだろう？　説明を積み上げるのに必要なコンセプトはなんだろう？　どんなたとえや事例を使ったら、そのコンセプトをわかりやすく伝えられるだろう？

知識の呪い

残念ながら、これはそれほど簡単にいかない。人間はみな認知バイアスの罠にはまる。経済学者のロビン・ホガースはそれを、「知識の呪い」と呼んだ。要するに、自分がよく知っていることについて、知らない人の気持ちがなかなかわからないのだ。日々素粒子と寄り添って生きている物理学者は、チャームクオークと言えばだれでもわかると思い込んでいるかもしれない。最近あるカクテルパーティの席で、若く才能のある小説家にこう聞かれてしまった。「さっきからずっと『自然淘汰』って言ってますよね。自然淘汰ってどういう意味ですか?」。その小説家の半分しか教育を受けていない人でさえ、進化論の基本なんて知ってて当然だと僕は思っていた。でも、大間違いだった。

スティーブン・ピンカーは、『センス・オブ・スタイル』(Sense of Style)の中で、知識の呪いを克服することが、わかりやすい書き手になるためにもっとも必要なことかもしれないと述べている。書かれた物なら途中で止まって同じ文章を何度か読み直してから先に進める。でも、知識の呪いを克服することが書き手にとっていちばん大切なら、話すことについてはなおさらそうだ。このバイアスに気づくだけでは足りない、とピンカーは言う。原稿を友人や同僚に見せて、理解できないところがあったら遠慮なく教えてほしいと頼み込まなければならない。トークも同じで、なにか複雑なことを説明する場合は特にそうだ。まずは友達や同僚に原稿を見せよう。そして内輪でそのトークを試してみよう。それから、はっきりと問いかけよう。「筋が通ってた? わかりにくくなかった?」

心の働きをあれほど上手に説明できるピンカーに、僕は前から憧れていた。そこで、もっとアドバイスをもらえないかと頼んでみた。すると彼は、本当の理解に到達するには、多層に重なったアイデアの構造全体を伝えなければならない、と教えてくれた。

認知心理学では、長期記憶が、幾重にも重なった階層構造を持つものだと証明されている。話し手は、スピーチという基本的に一面しか持たない構造（ひとつの言葉の後に次の言葉が続く）を使って、多面的な構造（階層が重なりお互いが結びついている）を持つアイデアを伝えなければならない。頭の中で蜘蛛の巣のようにつながっているアイデアを、一連の言葉にして伝えなければならないんだ。

そこで、一つひとつの文章を注意深く紡ぎ、そのつなげ方に気を配ることが必要になる。話し手は、それぞれの文章がその前の文章にどう論理的につながっているか、たとえば類似なのか、対比なのか、念押しなのか、事例なのか、一般化なのか、前後関係なのか、原因なのか、結果なのか、それとも意外性なのかが、聞き手にわかるようにしなければならない。そして、今の話が余談なのか、メインの議論の一部なのか、例外なのかといったことを、聞き手に理解させなければいけない。

中心となるスルーラインに、逸話や事例や誇張や余談や解説といった他のパーツがつながっているトークの構造は木のような形になる。スルーラインが木の幹で、そこからさまざまなパーツが枝のように伸びている。だが、その木の中で観客は自分がどこにいるかを知らなければ、「理解」はできない。

ここで、知識の呪いがいちばんの障害になる。一つひとつの文章はわかりやすくても、それがどのようにつながっているかを描き忘れてしまうのだ。話し手にとっては、当たり前のことだからだ。

たとえば、こんなことだ。話し手がこう言う。

チンパンジーは人間より身体的にははるかに強い。人間は生まれ持った強さを増幅するために道具を使うことを覚えた。もちろんチンパンジーも道具を使う。

これでは聞くほうは混乱してしまう。なにが言いたいんだろう？　おそらく身体的な強さよりも道具が大切だと言おうとしているらしいけれど、チンパンジーが道具を使わないとは言っていない。それとも、チンパンジーも強さを増幅させるすべを身につけられると言いたいのかもしれない。さっきの3つの文章のつながりは見えず、聞き手は混乱してしまう。次のように言い換えるといい。

チンパンジーは人間より身体的に強いが、人間はチンパンジーよりも道具の使い方がうまい。それらの道具は人間の能力をチンパンジーよりもはるかに高めてくれている。

または（別の意味なら）、このようにするといい。

チンパンジーは人間よりも身体的にはるかに強い。そしてチンパンジーも道具を使えることがわかってきた。チンパンジーも道具を使って、もともと備わった強さを高められるのだ。

つまり、トークの中のちょっとしたフレーズが実はいちばん大切な要素で、それがトーク全体の構造を見せるヒントになることもある。「だけど……」「最近の例を挙げると……」「一方で……」「それをもとにすると……」「ここであえて反対の立場に立ってみましょう……」「この発見を裏付けるようなお話を2つさせて下さい」「余談になりますが……」「みなさんはこの点に反対されると思いますが……」「そこで、まとめると……」

それと同じくらい大切なのが文章とコンセプトの順番で、順番が正しければ無理なく理解が進む。この本の初期の原稿を見せると、たくさんの人が何度もこんな風に教えてくれた。「わかったような気もする。でも、このパラグラフの順番を逆にして、つながりをもう少しわかりやすく説明したほうが、ずっとはっきりすると思う」。本でもそうなら、トークではもっと明快にしたほうがいい。ギャップを見つけるには、そのトピックをあまり知らない人の助けを借りるのがいちばんだ。

アリの集落のネットワーキングについて説明したデボラ・ゴードンは、トークを準備する上でいちばん重要だったのが、このギャップを埋める努力だったと話してくれた。

トークというのは、内容を放り込む器じゃないし、ビンでもありません。それはプロセスですし、ある場所に行きつくための道なんです。聞き手を今いる場所から新しい場所に連れていくことが目標です。だから、一歩一歩を順番に進めて、途中でだれも道に迷わないようにしなければならないんです。大げさに聞こえるかもしれませんが、もしあなたが空を飛べて、だれかに一緒に飛んでほしいなら、その人の手をとって空に飛び立ち、絶対に手を離してはいけません。手を離したら、一巻の終わりですから。私は、そのトピックについてなにも知らない友達や知り合いの前でリハーサルをして、彼らがどこで混乱したか、なにを疑問に思ったかを聞いて、そのギャップを埋めることで、他の人たちにもわかりやすく話したいと思っています。

特に専門用語には要注意だ。聞き手に馴染みのないような専門用語や略語は外すか説明したほうがいい。TLA*がなにかをまったくわからないのに、3分もそのことを議論されたら、苦痛で仕方ない。一度ならまだ我慢できるかもしれないが、それが積み重なると聞く気が失せる。

小学生にもわかるようにすべてを説明しろと言っているわけじゃない。TEDにはアインシュタインの格言にちなんだ原則がある。「すべてをできるだけシンプルにすること。でも必要以上にシンプルにしなくていい」**。聞き手の知性をバカにしたくはない。専門用語が必須なときもある。ほとんどの聞き手には、DNAが独自の遺伝情報を運ぶ特殊な分子だということをいちいち説明する必要はない。説明しすぎもよくない。実際、説明上手な人は、聞き手が自分でアイデアを発見したと感じる程度に言葉をつくす。新しいコンセプトを持ってきて、その形を描き、聞き手自身がそれをちょうどいい場所に落とし込むのを助けるだけだ。話し手は時間を有効に使えるし、聞き手は満足する。トークが終わる頃には、聞き手は自分の頭の良さに満悦している。

説明から興奮へ

もうひとつ、重要な説明のツールがある。アイデアを積み上げる前に、いらないものをはっきりさせたほうがいい。ご存知の通り、すでにこのテクニックをこの本でも使ってきた。たとえば、優れたトークスタイルを考える前に、NGなスタイルを挙げることだ。さまざまな選択肢のある大きな空間に小さな概念モデルを築くためには、まずはその空間を狭めると楽になる。

ありがちな選択肢を除外することで、聞き手は話し手の頭にあるものに近づきやすくなる。

たとえば、神経科学者のサンドラ・アーモットは、マインドフルネスがダイエットに効く理由を説明するために、こう切り出した。「瞑想したり、ヨガをしましょうっていうわけじゃないんです。これは、マインドフルな食べ方についての話です。自分の身体が発する信号を理解して、お腹が空いたら食べ、お腹がいっぱいになったらやめられるようにしよう、っていうことなんです」

TEDに登壇した説明の達人には、ハンス・ロスリング、デイビッド・ドイチェ、ナンシー・カンウィッシャー、スティーブン・ジョンソン、デイビッド・クリスチャンなどがいる。彼らのトークは必見だ。どれも、聞き手の中に強烈な新しいなにかを築いてくれ、永遠に考え方を変えてくれる。

なにかを上手に説明できれば、観客の中に本物の興奮を生み出せる。ボニー・バスラーは、バクテリアがお互いにどう情報を伝え合うのかを研究する科学者だ。彼女は、かなり複雑だがあっと驚くような研究の中身を、トークで披露してくれた。僕らの理解を助けて、ワクワクするような可能性の世界を見せてくれた。そのやり方を紹介しよう。

＊TLA＝3文字略語

＊＊アシュタインがこの言葉をそのまま使ったかどうかは定かじゃないが、この考え方自体は彼のものだ。

バスラーはまず、このトークを僕たちに引き寄せるところから始めた。そもそも、バクテリアをそれほど気にかけている人なんていないわけだから。そこで、彼女はこう話しはじめた。

みなさんは自分を人間だと考えてますよね。でも、私はみなさんをこんな風に見ています。私たち一人ひとりを今ある姿にしているのは数兆というヒト細胞で、それが私たちのあらゆる行動を可能にしているわけですが、みなさんの身体の中あるいは表皮には、どの瞬間をとっても数十兆のバクテリア細胞が存在します。つまり、人間はヒト細胞の10倍のバクテリア細胞を抱えているということです。このバクテリアたちは、人間にただ乗りしているわけではありません。信じられないくらい大切な役割を果たしています。彼らが私たちを生かしてくれているんです。バクテリアは私たちの身体を見えない鎧《よろい》で守り、環境の攻撃をはねのけ、私たちを健康に保ってくれています。彼らは食べ物を消化し、ビタミンをつくり出し、免疫システムに悪玉菌を排除するよう指示しています。こんなすごい活躍をして私たちを助け、生かしてくれているのに、バクテリアは注目されません。

そうか。自分たちに関係があるんだ。細菌は僕らにとって大切なんだ。次に、意外な質問が好奇心を刺激する。

そもそも、どうやってバクテリアにそんなことができるのか、というのが私たちの疑問でした。だって、ものすごく小さいわけですから。顕微鏡がないと見えないくらい小さいんです。バクテリアは成長と分割を繰り返すだけのある意味で退屈な生活を送っていて、これまでずっと社会性のない隠遁者のような生物だと思われていました。個々の活動が環境にインパクトを与えるには小さすぎるのです。

ここで、だんだん疑問が湧いてくる。バクテリアが集団で狩りをするとでも言い出すのだろうか？　もっと聞きたい！　そこでボニーは僕らを探偵調査に連れ出し、さまざまなヒントを通してバクテリアが一緒に行動しているに違いないことを突き止める。ここで、バクテリアが集団行動によって発光するイカの痕跡を消しているという驚くべきストーリーが出てくる。そして最後に、毒性のあるバクテリアが人間をどう攻撃するかについての発見に到達する。個々のバクテリアにはその力はない。彼らはコミュニケーションの分子を放出するのだ。身体の中にバクテリアが増殖すると、この分子の濃度が高まり、ある時に突然集団で攻撃できる数に達したことを「知り」、全員で有害物質を分泌しはじめる。これが、いわゆるクオラムセンシングだ。なるほど！

この発見がバクテリアと闘うための新しい戦略の扉を開いた。バクテリアを殺してはいけない。通信チャネルを切るだけでいい。抗生物質への耐性が拡がる中で、これはすごく有望なコンセプトだ。

このあと、ボニーはこの発見のさらに大きな意味について語り、トークを締めくくった。

これは多細胞性の発明だ、と私は言いたいのです。バクテリアはこの地球上に何十億年と生息してきました。人間はたかだか数万年です。多細胞組織がどのように機能するかというルールを決めたのはバクテリアだと考えられます。もしこの原始的な生物をひも解けたら、人間のさまざまな病気や行動も解決できるようになると希望を持っています。

ボニーのトークは、注意深く段階を追って、一つひとつ順番にコンセプトを積み上げていた。説明のない専門用語はひとつもなかった。それが僕らに新しい可能性の扉を開いてくれた。彼女は複雑な科学の話題で、専門家でない聞き手を夢中にさせ、彼女もびっくりしていたが、最後には総立ちの拍手を受けていた。

説明の仕方をきちんと身につけていなければ、力のある新しいアイデアを紹介することはできない。それをするには、一つひとつ段階を追って、それぞれの段階で好奇心に火をつけなければならない。それぞれの段階で、聞き手が知っていることの上に、新たな知識を積み上げる必要がある。アイデアがどのようにつながっているかを見せるために、たとえ話や事例は欠かせない。知識の呪いに気をつけて！　思い込みによって聞き手を失うことのないように。そして特別ななにかを説明できたら、興奮と感動がすぐその後についてくる。

8 Talk Tools Persuasion

説得する

論理で考え方を変える

説明がだれかの頭の中にまったく新しいアイデアを積み上げることだとしたら、説得はそれよりちょっと過激だ。積み上げる前に、まず壊さなくちゃならない。

説得とは、聞き手に今の世界の見方が違っているとわからせることだ。それは、ダメな部分を壊して、もっといいものにつくり変えるということだ。それに成功すると、話し手も聞き手もぞくぞくするような感覚を覚える。

認知科学者のスティーブン・ピンカーは、暴力についての僕の考え方をふっ飛ばしてくれた。普通にメディアに接してきた人ならだれしも、この世界が絶え間のない暴力に苦しんでいると思い込んでいる。戦争や殺人や暴行やテロリズムに終わりはなく、悪化しているように見える。ピンカーは、TEDの観客にわずか18分でこの思い込みがまったくの間違いだとわからせた。撮影機材をしまって、現実のデータを見ると、暴力は減っているし、この傾向は何年、何十年、何百年、何千年にわたって続いていることがわかる。

ピンカーはどうやったのか？　まず、壊すことだ。説得する前に、聞き手の頭に下地をつくる。ピンカーははじめに、前世紀の残酷な習慣を思い出させるところから始めた。たとえば、500年前のフランスでは生きた猫を火にかけてその叫び声を聞くことが大衆の娯楽だった。古代社会では、男性の3分の1以上が暴力によって死んでいた。つまり、彼はこう言っていた。「みなさんは暴力がひどくなっていると思っているかも知れませんが、昔はどれだけひどかったかを忘れているだけです」

それから、近代的なメディアは、ショッキングな出来事や暴力事件に注目しがちだが、そうした事件が社会全体を代表するとは限らないことを示して見せた。世界で起きている実際の暴力の水準を過大に見積もるような仕組みを、ピンカーは明らかにした。

頭の中に下地ができると、殺人から戦争までのあらゆる形の暴力が大幅に減っているという統計やチャートをよりすんなりと受け入れられる。人口全体と比較した数字を示すのが、ひとつのカギだった。重要なのは、暴力による死亡者の絶対数じゃなく、暴力で自分が死ぬかもしれない確率なのだ。

ピンカーは続けて、この意外なトレンドの説明として考えられる4つの理由を論じ、前向きな言葉で美しく締めくくった。

理由はともあれ、暴力が減っていることには、深い意味があると思います。それは、どうして戦争があるのか、と自問させるだけではありません。どうして平和があるのか、とも自問させるのです。うまくいっていないのはなにか、と問うだけではありません。うまくできていることはなにか、とも問うのです。私たちはなにかをうまくやっているわけですから、それがなにかを探し出すことに意味があるはずです。

このトークはその後、彼の主張をさらに発展させた形で、4年後に『暴力の人類史』（青土社）という名著になった。

ピンカーが正しいとしよう。もしそうなら、彼は数百万の人々に美しい贈り物を贈ったことになる。僕らのほとんどは、毎日のニュースがいつまでも悪いことばかりで、戦争とテロリズムと暴力が収集のつかないほど蔓延していると思い込んでいる。だけど、悪い出来事があったとしても、実際には世界は良くなっていると思えれば、どんなに気分が晴れることか！　説得は将来の見通しを永遠に変えることができるのだ。

説得と下地づくり

心理学者のバリー・シュワルツは、選択に対する僕の考え方を一変させた。西洋人は、選択肢を最大化することにとりつかれている。呪文のように自由を唱え、選択肢をなるべく増やすことが最大の自由を得る道だと思っている。しかし、シュワルツは絶対に違うと言う。彼は選択のパラドックスについて語り、選択肢が多すぎると人は不幸になることを、数多くの事例を示して段階的に証明した。シュワルツの破壊ツールは案外と聞き手にやさしい。心理学の理論の断片と、健康保険から買い物での不満までさまざまな実例を組み合わせ、面白おかしく風刺漫画にして見せていた。彼のアイデアは直感に反するが、その旅があまりに楽しいので、僕たち全員が当たり前だと思ってきたそれまでの世界観が粉々にされたことにも気づかなかった。

作家のエリザベス・ギルバートは、物語の力が説得ツールのカギになることを示してくれた。彼女の目標は、天才的な創造性についての僕らの考えを変えることだった。才能は生まれつきで、持つ人と持たない人が決まっているものではなく、受け取る準備のある人に時として与えられる贈り物だと考えてほしい。こんな風に言うとあまり説得力はないが、ギルバートは優れた物語の力を使って、僕らを説得した。

彼女は世界的なベストセラーになった『食べて、祈って、恋をして』（武田ランダムハウスジャパン）の成功を繰り返さなくちゃならないと恐れていたと打ち明け、期待に応えられないかもしれないという不安に苦しめられた有名なクリエイターのストーリーを面白おかしく感動的に語ってくれた。また、天才という言葉が歴史の中で違う意味を持っていたこと、それは生まれつきでなく、後天的なものとされていたことを明かした。そのあとで、詩人のルース・ストーンによる、詩が湧き上がってくるのを感じる瞬間のストーリーを語ってくれた。

彼女はそれがやってくるのを感じたんです。足元の地面が揺れるような感覚でした。そのときにすべきことはひとつしかないと思ったそうです。それは彼女に言わせると、「死にものぐるいで走る」ことでした。そして彼女は死にものぐるいで家に駆け戻り、詩に追いかけられるように、素早く紙と鉛筆を手に持って、言葉が雷のように自分の上に落ちたときそれを素早くかき集めて紙の上に残したんです。

トークのはじめに語られていた突飛に思えたかも知れないストーリーが、最後にはまったく自然に感じられ、それが彼女のアイデアをあるべき場所に収めていた。

どの場合も、世界観を変えるカギになるのは、一度に一歩ずつ旅を進め、目標に到達する前にいくつかの異なる方法で心の下地をつくっておくことだ。

では、「下地づくり」とはどんな意味だろう？　哲学者のダニエル・デネットの説明は完璧だ。彼は「直感ポンプ」という言葉をつくった。それは、直感的になるほどと思わせるたとえや言葉のワザのことだ。これが下地づくりだ。厳格な議論とは違う。それは、だれかをあなたのほうに向かわせる方法だ。たとえば、バリー・シュワルツの買い物の話は直感ポンプだ。はじめから「選択肢が多すぎると人は不幸になる」と切り込んでいたら、僕らは疑っていただろう。そのかわりに、彼は下地をつくった。

昔はジーンズなんて１種類しかなかったので、とりあえずそれを買っていましたよね。

身体に合わなくて、着心地も悪かったけれど、とりあえず履いて、何度も洗濯しているとまあまあ馴染んできたものです。私は何年も履き古したジーンズのかわりに新しいジーンズを買いに行って、こう言いました。「ジーンズをください。サイズはこれ」。すると店員が、「スリムフィットにします？ イージーフィットにします？ リラックスフィットにします？ 前開きはボタン？ それともチャック？ ストーンウォッシュですか？ ケミカルウォッシュですか？ ダメージは？ ブーツカット？ 先細？ ベラベラベラベラ」

そのストーリーを聞きながら、僕たちは彼のストレスを感じ、買い物に行ってあーでもないこーでもないといつまでも悩んでいるときのストレスを思い出していた。彼のストーリーがたまたま彼だけに起きたことで、それだけでは選択肢が多すぎると不幸になることを証明するにはほど遠いとしても、彼がどこに向かっているかはわかる。彼の言おうとしていることが、ここでいきなりもっともらしく思えてくるのだ。

もっとも崇められている哲学的な文章の多くは理性的な主張ではなく、たとえばプラトンの洞窟やデカルトの悪魔のような強力な直感ポンプだとデネットは言う。デカルトは疑えそうなことをすべて疑い、自分のすべての意識的な経験は悪魔の押し付ける幻影だと考えようとした。自分が見たつもりの世界は、悪魔がつくり出したものかもしれない。デカルトにとって確かなものは思考と疑いの経験だけで、少なくともそれが自分の存在する証だった。そこで、我思う故に我あり、と言った。悪魔がいなければ、論理は探れない。人間の心はロボットのような論理マシンじゃない。正しい方向に向けてもらう必要があるし、直感ポンプはそのための効果的な方法なのだ。

聞き手の中に下地ができれば、いちばん訴えたいことを主張するのが楽になる。ではどうしたらいいのだろう？　なによりも貴重なツール、長期に渡っていちばんインパクトを与えられるツールを使えばいい。それは、僕が大好きな古めかしい哲学的な言葉だ。つまり、論理だ。

論理は遠くに届く

論理には、他の精神的ツールよりもはるかに確実に結論を導く力がある。論理的な議論では、最初の前提が正しければ、そこから論理の裏付けによって導かれた結論も必ず正しく、それが真実とみなされる。論理的な議論を経てだれかを説得できたら、あなたのアイデアは相手の心に住み続け、決して消えることはない。

だがそのためには、プロセスを小さなステップに分解し、それぞれの段階を説得力のあるものにしなければならない。各ステップの出発点は、それが真実だとはっきりわかっていることか、その前の段階で真実だと証明されていることでなければならない。つまり、ここで使われるのは「もし～だったら、～に違いない」という条件式だ。もしXが真実だとしたら、みなさん、次に当然Yが来ますよね（だって、すべてのXにはYが含まれているから）。

TEDの中で説得力抜群だったのが、慈善活動改革家のダン・パロッタのトークだ。彼は、今の僕らのチャリティに対する考え方が、非営利組織を救いようのない存在にしていると訴えている。それを証明するために、パロッタは組織の5つの側面を取り上げた。給与水準、期待されるマーケティング、リスク許容度、結果を出すまでの時間制限、資本へのアクセスだ。それぞれの側面について、彼は切れ味鋭い言葉を見事なインフォグラフィックスで裏付け、僕らが営利企業と非営利組織に期待することが、あきれるほど違っていることを示していった。トークに使われていたのは、説得力のある仮定法の条件式だけだ。

たとえば、僕らが営利企業にはリスクを取れと勧めるくせに、非営利企業がそうすると眉をひそめることを指摘したあと、彼はこう言った。「もちろん、失敗を許さなければ、イノベーションが生まれないということは、みなさんも私もよく知っていますよね。資金調達のイノベーションを殺せば、おカネは集まりません。おカネを集めることができなければ、成長できません。成長できなければ、大きな社会問題は解決できません」。証明終了。彼の主張は正しい。大きな社会問題を非営利組織に解決してもらいたければ、彼らにも失敗を禁じてはいけないのだ。

論理的な議論には別の形もある。いわゆる背理法と呼ばれるもので、これが破壊的な威力を発揮することもある。自分の主張とは反対の立場に立ち、それが矛盾することを証明するのだ。反対の立場が間違っているなら、自分の立場は強まる（または、それ以外に考えられる立場がないとしたら、あなたの主張は正しいと証明される)。最初から最後まで厳格な背理法に従う話し手はほとんどいない。それでも、ドラマチックな反対事例を紹介したり、だれが見てもバカバカしいと思えるものを見せたりして、背理法のエッセンスを利用する話し手は少なくない。ここでまた、ダン・パロッタのトークの一部を紹介しよう。

非営利組織のリーダーへの高額報酬に眉をひそめるのはばかげている、とパロッタは言う。「暴力的なビデオゲームを子供に売りつけて5000万ドル稼ぐと、持ち上げられる。ワイアード誌の表紙になれる。でも、マラリアの子供たちを助けて50万ドル稼いだら、たかりだと責められる」。最高にピンとくるたとえだ。

反対意見の信頼性を傷つけるのも、ひとつの効果的なやり方だが、取り扱いには注意が必要だ。反対者に切り込むのではなく、課題に切り込んだほうがいい。「長年メディアがこの問題についてなぜ私たちに間違った印象を与え続けてきたか、考えてみれば当然です。新聞は退屈な科学の証拠を挙げるより、ドラマを書いたほうが売れますから」という言い方なら問題ない。だが、こちらはよろしくない。「もちろん、彼はそう言うでしょうね。それが彼の食い扶持ですから」。これでは、議論が論理から中傷に流れてしまう。

探偵になろう

では、もっと楽しく主張を証明する方法を紹介しよう。TEDではこれを「探偵物語」と呼んでいる。もっとも説得力のあるトークには、この武器を使って構成されているものもある。まず、大きな謎からはじめ、あり得る解決策を探してアイデアの世界を旅し、一つひとつダメなものを消していき、生き残ったひとつの現実的な解決策にたどり着く。

シーグフリード・ウォルドヘックのトークは、わかりやすい例だ。彼は、レオナルド・ダ・ヴィンチの有名な3作品が、実は、彼の人生のいくつかの時期の自画像だったと訴えた。それを証明するために、ウォルドヘックは、レオナルド・ダ・ヴィンチの「本当の顔」を見つける旅としてトークを構成した。まず、レオナルドが描いたとされる男性の肖像を120枚並べてみる。そして、この中に自画像はあるかと問いかける。どうしたらそれがわかるだろう？　それから、探偵が容疑者を除外していくように、肖像画家としての自身の見立てに添って、順番に違うものを消していき、最後に3枚が残る。

次が決定打だ。3枚の肖像画は年齢の違う男性を描いたもので、描かれた時期も違うが、その顔には同じ特徴がある。そして、第三者によって本人だと証明された唯一のダ・ヴィンチの彫像と3枚の肖像画を比べてみる。

このトークに説得力があるのは、僕たちが話し手と一緒に学びの旅をしているような気持ちになるからだ。聞き手はただ事実を与えられるのではなく、発見のプロセスに参加している。だから自然に気持ちが入る。反対の立場を一つひとつ消していくごとに、僕らは確信を深めていく。僕らは僕ら自身を説得している。

この武器は、手ごわいトピックを心から楽しいと思えるものに変える場合にも使える。疾病や飢餓や人類の廃退といった難しい課題に観客の関心を集めて肩入れしてもらうのは、どんな話し手にとっても難しい。

経済学者のエミリー・オスターは、経済学のツールを使えばＨＩＶ／ＡＩＤＳへの考え方を変えるられると言った。そう説得するために、彼女は経済学的な議論を展開するのではなく、探偵になった。まず、「私たちが知っている4つのこと」というスライドを見せた。それを順番に取り上げながら、彼女は意外な証拠を示して、一つひとつをうまく消していき、彼女自身の説を提案するための扉を開いた。

この構成は、ストーリーを深く愛する人間の性質に強く訴える。トーク全体がストーリーのようだ。もっといいのは、謎解きのようなトークだ。だが同時に、その根底には強力な論理がある。既存の説がすべて間違いだと証明されれば、残るのはひとつしかなく、それが真実のはずだ。証明終わり！

論理だけじゃ足りない

論理に基づくトークがあまり生き生きと感じられないこともある。人間はコンピュータじゃないし、論理的な思考に肩入れできないことも多い。人を説得するには、水も漏らさぬような論理的議論を展開するだけでは足りない。論理はもちろん必要だが、それだけでは十分じゃない。ほとんどの人は論理によって納得させられるが、だからといって気分が上がるわけではない。気持ちが入っていないと、その議論をすぐ忘れて、次に移ってしまう。だから、論理的な説明を他のツールで補わなければならない。そうすることで、結論は正しいだけでなく、意味があり、ワクワクし、うれしいものになる。

先ほど紹介した直感ポンプや探偵物語といったツール以外にも、たくさんのツールがここで使える。

- **早目にユーモアを挟む。**ユーモアは、こんなメッセージを伝えてくれる。少し難しい話にお付き合い願いますが……でも、楽しい経験になります。一緒に汗をかき、一緒に笑いましょう。
- **逸話を加える。**そもそもなぜあなたがこの課題に取り組むようになったのかを話してもいい。すると、話に人間味が出る。なぜあなたがこの問題に情熱を傾けているかがわかれば、観客はあなたの論理を聞こうという気になる。
- **わかりやすい事例を挙げる。**外的現実があなたの信じるものとはまったく違っていることを証明したいと思ったら、僕ならまずものすごい目の錯覚を誘うだまし絵を見せるだろう。目に見えているものが、本当にその通りだとは限らないとわかってもらうためだ。
- **第三者の裏付けを示す。**「私はハーバード大学の仲間たちと10年かけてデータを検証し、これが正しい見方だと全員一致で結論を出しました」。または、「こう思っているのは、私だけじゃありません。2歳の男の子を持つ母親ならみんな、知っているはずです」。この手の発言には注意が必要で、どちらも発言自体に確証はない。とはいえ、聞き手によっては、こうした言葉が説得力を持つことがある。

・**効果的なビジュアルを使う。** ダン・パロッタは、トークの途中で2つの非営利組織の資金集めの結果を円グラフで見せた。最初の円グラフは、手づくり品の販売による寄付集めの表で、集まった寄付に対する経費率は5パーセントだった。2番目のグラフはプロのファンドレイザーによる寄付集めの活動を表したもので、経費率は40パーセントだった。2番目の表は最悪で無駄だらけに見える。だが、ここでダンが説明した。

私たちは道徳と節約を混同しています。5パーセントしか経費のかからない手づくり品販売のほうが、40パーセントも経費のかかるプロのファンドレイザーより道徳的に優れていると思い込んでいますが、いちばん重要な情報を見逃しています。実際にいくらの寄付が集まったのかということです。なんのおカネもかけずに手づくり品販売で71ドルの寄付を集めるのと、プロのファンドレイザーが7100万ドルを集めるのではどうでしょう？どちらのほうがいいでしょう？　飢えに苦しむ人たちに、どちらが助けになると思いますか？

パロッタが話を続けるにつれて、2番目の円グラフが大きくなり、最初の円グラフが小さくなっていく。2番目の円グラフの経費以外の部分が、今や最初の円グラフよりもはるかに大きくなっている。パロッタの主張がそこでぐさぐさと刺さってくる。

ダン・パロッタのトークは嵐のようなスタンディングオベーションを受け、この動画は300万回以上も再生されている。動画がネットに上がった3カ月後、慈善組織を評価する3大機関はパロッタの主張の多くに賛同し、こんな共同声明を発表した。「慈善活動によって支えられている人もコミュニティも、低い経費を求めてはいません。高い成果を求めているのです」

とはいえ、論理に基づいたトークがみんな、これほどの成功を収めるわけではない。論理的なトークはどちらかというと飲み込みにくく、幅広い人気を得られない。それでも僕は、これらのトークがTEDのサイト上でもっとも重要なトークに数えられると思っている。それは、長期的な知恵を築くには、論理がいちばんいい方法だからだ。全員にすぐに受け入れてもらえないとしても、厳格な論理で固められた主張は、しだいに新しい賛同者を集め、止められないほどになる。

まさしくこのことを取り上げたTEDトークがある。心理学者のスティーブン・ピンカーと哲学者のレベッカ・ニューバーガー・ゴールドスタインとの、ソクラテス式問答だ。この中でゴールドスタインは、歴史を通して道徳的な進歩の強力な影の原動力になってきたのは論理だったとピンカーを説得していく。共感でも、文化の発展でもない。論理だ、と。時には、論理が現実のものになるには数百年も待たなくてはならない。ゴールドステインは、奴隷制度、男女格差、ゲイの権利に関する歴史上の論理家の強烈な言葉を引用し、こうしたムーブメントが起きる数百年も前にそれが論理的に主張されていたことを明らかにした。そして、この論理的な主張が、これらのムーブメントの成功のカギになっていた。

ピンカーとゴールドスタインの対話は、TEDトーク史上おそらくもっとも重要な議論なのに、2015年時点での再生回数は100万回に届いていない。論理はすぐに育つ雑草ではなく、ゆっくりと育つ大木だ。だがその木は地中深くにしっかりと根をはり、成長すると周りの風景を永遠に変える。僕はTEDで、もっともっと論理に基づくトークを聞きたいと願っている。

3つの文章にまとめると……

- **説得とは、だれかの世界観をよりよいものに差し替える行為だ。**
- **その核になるのは、長期的なインパクトを与えられる論理の力だ。**
- **論理を、直感ポンプ、探偵物語、ビジュアル、その他の下地づくりのツールによって補うと、**

もっとも効果が出る。

9

Talk Tools

Revelation

見せる

息を飲むほど感動させる

つながり、物語り、説明、説得……どれも効果的なツールだ。でもアイデアという贈り物を観客に直接渡すには、どうしたらいちばんいいだろう？

それを見せるだけでいい。

見せることを中心に据えたトークは多い。観客に喜びと感動を与えるような形で、自分の仕事を見せるのだ。人はそれを「啓示」と呼ぶ。啓示的なトークの例をここに挙げよう。

- 斬新な芸術プロジェクトの一連の画像を見せながら、解説する
- 自分の発明した製品のデモンストレーションをする
- 未来の自律的な都市のビジョンを描く
- アマゾンの密林への旅で撮った見事な写真を次々と見せる

「見せる」トークには無限のパターンがあり、それが成功するかどうかはなにを見せるかにか

かっている。

画像を中心にしたトークは、自然の不思議や美的な喜びを感じさせることを目的にするものが多い。なにかのデモンストレーションなら、観客を驚かせ新たな可能性を感じさせるのが目的になるだろう。未来のビジョンなら、観客自身がその未来をつくれるように、生き生きと説得力を持つように描くことを目指すだろう。

では、この3つの大きな分類をさらに深く見ていこう。

ワンダーウォーク

ワンダーウォークとは、画像や奇跡の瞬間を次々に見せるようなトークだ。トークが旅なら、ワンダーウォークはアーティストの制作現場を案内してもらい、めずらしい洞察を与えてもらうようなものだ。または偉大な探検家を案内人にしてドラマチックな土地を散策するようなものと言ってもいい。その一歩一歩は、ひとつの作品から次の作品への移動で、その間に不思議な感動が沸き起こる。「もしこれが気に入ったなら……きっとこれも」

その作品が力強いものなら、旅は楽しく、新しい知識に満ち、感動的な経験になるだろう。この構成を使うのは、主に芸術家やデザイナー、写真家、建築家だが、ビジュアル作品のある人ならだれでも利用できる。科学者もそうだ。

たとえば、デイビッド・ガロが深海の奇跡について話した短いトークは、最高のワンダーウォークだった。この場合には、ワンダーダイブと言ってもいい。彼は、SFアーティストでさえ想像もつかないような、驚きの画像と発光生物のビデオを次々に見せてくれた。その後に続いたのは、タコが背後のサンゴ礁に合わせて肌の色を変え、一瞬で自分の姿を隠してしまう驚愕の動画だった。そして、珍しい海の生き物の奇跡に対するガロの興奮に、だれもが感染してしまった。彼は画像を解説しながら、自然の驚異に対する僕らの畏敬の念を深めるような説明を加えてくれた。

これが未知の世界です。人間はまだ海中のわずか3パーセントしか探索していません。これまでに私たちは、世界一高い山や世界一深い谷や、海底の湖や海底の滝を発見してきました。そして生物が存在しないと思っていた場所に、多くの生き物を見つけ……熱帯雨林よりも多様な生物が密集していたのです。つまり、私たち人間はまだ、この星のことをあまり知らないのです。まだ97パーセントは知られざる世界で、その97パーセントにはなにもないかもしれないし、驚きに満ちているかもしれません。

これはたった5分のトークで、構成もシンプルだ。だが、再生回数は1200万回を超えている。

もうひとつのシンプルだがものすごい説得力のあるワンダーウォークが、メアリー・ローチのオーガズムについてのトークだ。彼女は私たちがオーガズムについて知らない10のことについて教えてくれた。そのトークの中には、オランダの農夫と豚のビデオもあるので、親や子供が周りにいるときには見ないほうがいい。ワンダーウォークは真面目でなくてもいい。面白おかしく、挑発的で、パンチの効いたものでいい。

この種のトークの魅力は、話し手から見ると構成がはっきりしていることだ。話し手は観客に作品を紹介したり、自分が打ち込んでいるものをひとつずつ紹介したりするだけだ。それぞれの作品をスライドまたはビデオで見せて、ひとつの作品から次へと進み、その間に興奮を盛り上げていく。

だが、ワンダーウォークは、全体をつなげるはっきりとしたテーマがあるときに、いちばんうまくいく。最近の一連の作品例を超える強いなにかがあるほうがいい。それがないと、飽きてしまう。「では、次の作品を見て下さい」というつなぎの言葉を聞いた観客は、椅子の中でもぞもぞとしはじめるだろう。つながりを与えると、トークははるかに魅力的になる。「次のプロジェクトはさっきのアイデアをもとに、それを数十倍に増幅したもので……」

すべての部分をつなげるようなスルーラインがあれば、トークはさらに強くなる。シア・ヘンブリーは、「100人のアーティストの作品展」に僕たちを連れて行ってくれた。作品はそれぞれみんなまったく違っていた。絵画、彫刻、写真、ビデオ、マルチメディアなど、芸術的なアイデアを幅広く網羅していた。スルーラインは？　100人のアーティストは彼だった。

そう、彼がすべての作品をひとりで制作したのだ。だから、作品の違いが大きければ大きいほど、僕たちの驚きも膨らんだ。

もちろん、ワンダーウォークがうまくいかないことも多い。よくあるのは、作品の説明がわかりにくいトークだ。大学教授の中には、わざわざ不必要にわかりづらい、難解な言葉を使って作品を解説する人もいる。アートと建築については特にそうだ。実際にアーティストがトークで学者と同じ言葉を使ったら、観客はこっそりと会場から抜け出していくだろう。「この作品で私は、ポストモダン的弁証法の文脈の中で、アイデンティティ対公共性のパラダイムに挑戦しました……」。もし、こんな言葉に少しでも似たようなことを言いたくなったら、頼むからいちばんよく切れるはさみを持ってきて、原稿を切り刻んでほしい。

スティーブン・ピンカーは、この種の言葉遣いが、単なる専門用語の誤用よりはるかにたちが悪いと言っていた。

「パラダイム」とか「弁証法の」といった言葉は、専門家がどうしても使わなければならない専門用語ではない。それらはメタ概念だ。他の概念についての概念であって、この世界に存在するものについての概念ではない。学術書、ビジネストーク、企業の常套句、芸術評論の解説は退屈で理解不能だ。その言葉は、アプローチ、前提、概念、条件、文脈、フレームワーク、課題、水準、モデル、見識、プロセス、範囲、役割、戦略、傾向、変数といったメタ概念にあふれているからだ。

こうした言葉は、個々には役に立つこともある。だけど、ばらけて使ったほうがいい。すべてを組み合わせると、観客には理解できない。

そうじゃなくて、話し手は、内側からのとっておきの情報を観客に与えることを目標にすべきだ。作品をつくりはじめたとき、なにを目指していたのかを、人間味のあるわかりやすい言葉で教えてほしい。創造のプロセスを見せてほしい。どうやってそこに到達したのか？　その間にどんな失敗をしたのか？　イラストレーターのデビッド・マッコーレーがローマのドローイングを見せてくれたとき、完成した作品だけでなく、失敗や行き詰まりやそこからどう抜け出してイラストを出版できたのかも教えてくれた。クリエイティブに関わるすべての人が、そこからなにかを学べるようなトークだった。制作過程のベールを取り払うことが、素晴らしい贈り物になる。

なによりも、作品そのものを隅々まで味わえるようにトークを構成してほしい。あなたの作品がビジュアルなら、言葉を削ってビジュアルに焦点を当てたほうがいい。12分のトークなら100枚以上の画像を見せられる。スライド1枚に2秒かければいい。作品の力を際立たせるには、話し手がめったに使わない武器を使うこともできる。沈黙だ。TEDでの最上のワンダートークに数えられるのは、動くオブジェクトを制作するアーティストのルーベン・マーゴリンのトークだ。思わず見とれてしまう作品に彼のささやくような声が静かに重なり、それが展示への完璧な解説になって純粋な感動が生み出される。そして、時に黙り込む勇気が彼にはある。そのトークのもっとも感動的な瞬間は、彼が背景を説明したあと、ただ作品を見ることに僕たちを浸らせてくれたときだった。

ワンダートークの力強さを保つ賢い方法のひとつは、スライドを自動送りにすることだ。自然に啓発されたデザインプロジェクトについてのロス・ラブグローブの情熱的なトークは、その素晴らしい例だ。あらかじめ時間を設定して、100枚を超えるスライドとビデオで作品を映し出しながら、ラブグローブはただそれに合わせて話すだけだが、これで生き生きとしたテンポが保たれていた。ルイス・シュワルツバーグは、『見えざる世界のミステリー』という驚くべき映画についてのトークで、同じようなことをした。トークの間中、映画の場面を流し、自分の声をナレーションのようにかぶせていた。それが、衝撃的なインパクトを与えていた。

社内プレゼンの多くは、ワンダーウォークと考えればもっとうまくいく。最近の仕事を箇条書きで紹介するだけでは、すぐに飽きられる。そのかわりにこう自問してみよう。これらのプロジェクトをつないで、興奮を呼び起こすにはどうしたらいいだろう？　その楽しさ、意外性、ユーモアをどう伝えられるだろう？　「私たちの成果を見て下さい！」から「これってすごく興味深くないですか？」へとトーンを変えるにはどうしたらいい？　箇条書きをずらずらと並べるかわりに、プレゼンの一歩一歩に好奇心をそそるような画像を添えてみたらどうだろう？

社内の仲間に役立つような、共有できるユニークなアイデアを真剣に探してみたらどうだろう？　そうすれば、携帯の電源を切ってもいいと思えるトークができるかもしれない。

ビジネスでも、科学でも、デザインでも、芸術でも、ただあなたの仕事をだらだらと並べるのはやめよう。観客を引き込み、好奇心を湧かせ、啓発するような方法を探そう。少しの感嘆と喜びを生み出すような道を見つけよう。

躍動感のあるデモンストレーション

見せたいものが単なるビジュアルではなく、テクノロジーや発明、または斬新なプロセスだとしよう。すると、見せるだけじゃ足りない。観客は実演してほしいと思うだろう。そこで、デモンストレーションが必要になる。

優れたデモが、カンファレンスの中でいちばん記憶に残ることもある。すぐ目の前で、生の舞台で、未来を垣間見ることができるからだ。

iPhoneが発売される2年前の2006年、ジェフ・ハンがマルチタッチ技術の可能性を披露したときには、観客が息を飲む音が聞こえたほどだった。プラナブ・ミストリーによる第六感テクノロジーのデモもまた、同じようなインパクトがあった。彼は携帯電話と小型プロジェクターとジェスチャーを探知できるカメラを組み合わせて、信じられない可能性を見せてくれた。たとえば、遠くの物を指で囲んでフレームに入れると写真が撮れて身近な白いものの表面にそれが投影された。

そうしたトークでいちばん大切なのは、あなたがデモをするもののクオリティだ。それは本当に人の心を動かすような発明、またはデザインだろうか？　そうだとして、発表するには無数の方法がある。やっちゃいけないのは、トークの前半をテクノロジーの複雑な背景説明に使うことだ。まだそれが動くのを見ていない観客は、聞く気をなくしてしまう。

観客を驚かすなにかがあるなら、少し大げさに見せびらかしてもいい。口ばかりで上滑りしてはいけないが、観客を少し興奮させるほうがいい。これからなにを見せるかのヒントを与えよう。それから必要な背景を説明し、土台ができたらクライマックスに向けて盛り上げてほしい。

マーカス・フィッシャーは、素晴らしい発明家だ。２０１１年にエジンバラで開かれたＴＥＤグローバルで、彼は巨大なカモメのような形で、カモメのように飛ぶ、斬新なロボットを披露した。実際、そのロボットは本物そっくりで、イベント後のピクニックで飛ばしてみると、新しいライバルに驚いたらしい本物のカモメの群れにフンをかけられたほどだった。フィッシャーはトークのはじめの10分で飛行の専門知識を説明していたが、そのあとになにがくるかのヒントを与えなかった。観客の一部は興味を失っていた。だがまもなく驚愕の実演がそれを救ってくれた。

カモメ型のロボットが観客の頭上を飛び回りはじめたのだ。だが、オンラインに載せるとき、トークの順番を少し変え、「鳥のように飛ぶことは、人類の夢でした」というフレーズを冒頭に持ってきた。それがトークの見事な背景説明となり、オンラインの再生回数は数百万回にのぼっている。

ジェフ・ハンは、こんな風に切り出した。

今日ここにいることができて、本当にワクワクしています。やっと最近、文字通り研究室から出せるようになったものを、お見せします。みなさんにいの一番に見ていただけて、光栄です。というのも、この発明が、今この瞬間から機械と私たちの関わり方を根底から変えるものだからです。

ほんの数語で、ハンはこれからエキサイティングな未来をのぞき見させてくれると教えた。そこで、先に進んでテクノロジーを説明し、それからデモを見せればいい。彼は背景を説明してから、このテクノロジーでなにが可能になるかを見せ、観客から感嘆と拍手を引き出し、その間に驚きを積み上げていった。

発明家のマイケル・プリチャードも同じような構成でトークを進めた。まず、安全な飲み水がない生活がどんなものかを観客に思い描かせた。それから、自分がデザインした「ライフセイバー・ボトル」を支えるテクノロジーの説明に引き込んだ。ここでトークを終える人もいるだろう。だけど、このトークの力は、語ることではなく見せることにあった。マイケルは詰めを忘れなかった。

舞台の上に大きなガラスの容器を置き、その中に泥まじりの池の水と下水の残りかすとウサギのフンを流し込み、汚い茶色に濁った水をつくった。それから、その濁った水を自分の発明したボトルに通して、空のグラスに注いで、僕に飲ませてくれた。ありがたいことに、普通の水だった。テクノロジーの理論が舞台で証明されたのだ。マイケルは続けて、このテクノロジーが災害援助やグローバルな公衆衛生にどう役立つかを話した。実際には、さっきの強力な実演で彼はすでに観客の心をがっちりつかんでいた。

ハンとプリチャードの使った構成は、ほとんどのデモでうまくいく。

- **最初にヒントを出す**
- **必要な背景、文脈、発明のストーリーを説明する**
- **実演する（より目立つもの、よりドラマチックなほうがいいが、ウソはいけない）**
- **その技術がどんな結果や影響をもたらすかを語る**

デモが素晴らしければ、それだけで観客は未来の利用法やその先の可能性を想像できる。すると、それは単なる実演ではなく、未来へのビジョンになる。それを次に見てみよう。

未来の風景

人間には、ほかの生き物にないスキルがある。そのスキルはとても大切で、だからこそ僕らはさまざまな言葉でそれのスキルの異なる側面を表現する。想像。発明。イノベーション。デザイン。ビジョン。それは、頭の中で世界の形を想像し、またその形を変えて、今はまだ存在しなくても、そのうち存在するかもしれない世界をつくり出す能力だ。

驚くことに、僕らはその存在しない世界を他者の頭に描き出し、彼らがまたその世界に胸を弾ませてくれるように願う。そして時折、奇跡のように、何人かがそのビジョンを共有し、それを青写真にしてその世界を実現することがある。脚本家は映画会社を説得して映画をつくる。発明家は企業を説得して機械をつくる。建築家はクライアントを説得してビルをつくる。起業家はスタートアップのチームに力を与え、未来の形を変えられると信じさせる。

夢は、画像でも、スケッチでも、デモンストレーションでも……あるいは言葉でも、伝えられる。

歴史上もっとも影響力の大きなスピーチはまさしく、雄弁さと情熱で夢を語ったから力があったのだ。なかでもいちばん有名なのはもちろん、1963年8月28日にマーティン・ルーサー・キングがワシントンDCのリンカーンメモリアルで行ったスピーチだ。彼は慎重に下地を固め、数世紀にわたる不正義を終わらせようという強い願いで聴衆を満たしてから、こう打ち上げた。

私には夢がある。いつの日かこの国が立ち上がり、わが国の信条である次の言葉の真の意味を現実にする夢が。「私たちはこれらの真理を自明のことと考える。すなわち、すべての人間は平等につくられている」。

私には夢がある。いつの日か、ジョージア州の赤土の丘で、かつての奴隷の息子たちとかつての奴隷所有者の息子たちが、兄弟として同じテーブルにつくという夢が。

私には夢がある。いつの日か、私の4人の幼い子どもたちが、肌の色によってでなく、人格そのものによって評価される国に住むという夢が。

彼のスピーチは17分40秒間続いた。それは歴史を変えた。

ケネディ大統領は、夢を分かち合うことで、人類を月に送った。彼が選んだ言葉のいくつかは、意外なものだ。

我々はこの10年のうちに月へ行くことを選び、そのほかの目標も成し遂げることを選びます。たやすいからではなく、困難だからそれを選ぶのです……

これは、信念と夢がなければできません。どんな恩恵が私たちを待つのかわからないからです。ですが、国民のみなさん、ヒューストンの管制塔から38万キロも離れた月に、高さ90メートルを超えるこのスタジアムと同じ長さの、従来の合金の数倍の耐熱性と強度を備え、一部はこれから開発される最新の合金でつくられ、精密な腕時計より成功に組み立てられ、推進、方向転換、制御、通信用装置と食料、非常用品を載せた巨大なロケットを送るとしたら、そして先例のないミッションとして未知の天体に送るばかりか、その後時速4万キロで地球の大気圏に再突入させ、太陽の温度の約半分という異常な高温に包まれるロケットを安全に地球に戻し、そのすべてをやりとげ、しかもこの10年のうちに正しくやりとげると宣言するなら、我々は大胆にならなければなりません。ですが、それは可能です。この10年のうちに、必ずできるのです。

危険と波乱に満ちた目標をこんなふうに決めつけると、逆効果だと考える人もいるだろう。これがうまくいくのは、未来になにが来るかを生き生きと描いているからだけじゃない。彼が私たちに英雄の夢を見せるからだ。私たちを未来への旅に連れて行き、後世にこの努力がどんな風に語られるか、そのストーリーを読ませているからだ。

ＴＥＤトークのほとんどは、もっと日常会話に近い言葉で語られる。だが、未来をありありと描いてみせる力は、話し手が提供できる最高の贈り物のひとつだ。実際、ＴＥＤの登壇者の中でいちばんゾクゾクさせてくれるのは、未来の風景を語る話し手だ。彼らは今ある世界ではなく、それがどんな姿になるかを語ってくれる。この手のトークがツボにはまると、観客の胸が高鳴り、その心は可能性でいっぱいになる。

サルマン・カーンは、ビデオ授業を通して子供たちのペースで科目を学ばせるという教育改革のビジョンを、一つひとつ見事に伝えた。会場が興奮で膨らんでいくのを、人々は感じた。

映画監督のクリス・ミルクは、仮想現実を使ってシリアの難民キャンプの内側の生活を力強く描いた作品を見せてくれた。仮想現実が人間を孤立させてしまうと懸念する人もいるが、ミルクは逆の斬新な考え方を提示してくれた。仮想現実という装置は、共感を生み出す究極のツールになると言ったのだ。

海洋生物学者のシルビア・アールは、魚が乱獲され、汚染が激しく、危機に瀕している海の姿を、印象的な画像と雄弁な言葉で描いてくれた。でも、彼女の話はそこで終わらなかった。「希望区域」、つまり海の生き物が回復できるような海洋保護区域をつくったらどうだろうと提案したのだ。彼女のビジョンには強い説得力があったので、観客のひとりはその場で100万ドルを寄付し、6年後にもまだ彼女の仕事を支援している。その時から今までに、世界中の海洋保護区域の面積は3倍以上になっている。

夢を効果的に語るコツは2つある。

・あなたが心から望む未来の姿を大胆に描く

・そのときに、他の人たちがその未来を強く望むような形で描く

この両方を同じトークで行うのは、かなりの挑戦だ。ひとつ目はビジュアルの助けがいる。ケント・ラーソンは、折り畳み自動車や変形式アパートといった過激なデザインのアイデアを18分間で見せてくれた。これなら都市の中で混雑感なく、より多くの人が住めるようになる。個々のアイデアは必ずしも現実的とは言えないが、それらをビジュアルで見せることではるかに説得力が増していた。

建築家のトーマス・ヘザーウィックはトークの中に1枚のスライドを挟んでいた。それはおそらくTED史上もっとも僕の心に刺さったスライドだった。それはクアラルンプールの複合アパートのデザインで、優雅な曲線を描く高層ビルが狭い土地の上に伸びていて、地上に美しい公園のための空間ができていた。そのスライドは、僕がこんなところに生まれてみたかったと思うような、未来の姿を描いていた。

でも、いつもそんなにうまくいくわけじゃない。話し手がテクノロジーを披露しても、聞き手は興奮していいのか怖がっていいのかわからないことも多い。2012年、国防高等研究計画局、通称DARPAの局長だったレジーナ・デュガンは、高速グライダーやハチドリドローンといった一連のテクノロジーを紹介してくれた。それらのテクノロジーは驚くべきものだったが、おそらく軍事用途だということを考えると、僕らはなんとなく不安になった。また、遺

伝子工学、コンピュータによる顔認識システム、人間に似たロボット開発についてのトークも、ともすれば魅力よりも不気味さが先に立ってしまう。

ではどうしたら、聞き手を居心地悪くさせずにすむだろう？　その未来が追いかける価値のあるものだということをはっきりさせるしかない。または、単なる賢いテクノロジーではなく、人間の価値を強調する形でアイデアを見せることだ。

ブラン・フェレンは２０１４年のＴＥＤでこれに挑戦した。自動運転車がどのように未来の姿を劇的に変えてくれるかを語ったのだ。彼のトークは、子供の頃に両親とローマのパンテオンを訪ねたときに感じたインスピレーションからはじまり、未来の子供たちにインスピレーションを与えようという願いで終わった。「子供たちが彼ら自身の道を見つけるように背中を押さなければなりません。たとえそれが私たちの道と大きく違っていても。そして、ますますテクノロジーに依存していく世界の中で見落とされているものがあること、芸術とデザインは贅沢品ではなく、科学やエンジニアリングと対立するものではないことも、子供たちに理解してほしいと思います」。テクノロジーの将来像に傾きがちなトークを、そしておそらく少し恐ろしいと感じられかねない話題を、彼は人間と希望の話で終わらせた。

ユーモアもまた役に立つ。ファン・エンリケスは何度も目からうろこのトークを語ってくれた。彼の見せてくれる生物学と遺伝学の将来は、スライドごとに少しの笑いが挟まれていなかったら、かなり不安に思えたかもしれない。ファンがそばにいれば、未来は心配よりも素敵な驚きに満ちているように思える。

最後に、未来のビジョンが、行動できるものだともっといい。ストーリーコープの創立者デイブ・イサイは、質問の力について語った、そして親しい人たちに人生の意義を聞いてそのインタビューを録音するよう勧めた。それから、録音したものを国会図書館にアップロードして恒久的な記録を簡単につくれるアプリを紹介した。人と人とが本当に耳を傾け合うような未来の世界のビジョンは感動を呼び、このトークが公開されてから数日のうちに、数千人がこれまでしたことのない意味のある会話を録音していた。

これが夢の力だ。夢は周囲に広がり、興奮と信念を引き起こし、夢を現実のものにする。彼らはより大きな可能性を僕たちに感じさせることで、僕ら自身が夢に向けてもっと頑張るように背中を押してくれる。もし志のある夢追い人の旅に招かれたら、決して断ってはいけない。

混ぜて合わせる

現実を教えよう。ここまでに紹介したカテゴリーのひとつだけにすっきりと収まるトークはほとんどない。むしろ、ひとつのトークに、たくさんの要素が入っていることのほうが多い。たとえば、ボディランゲージがどのように自信を与えてくれるかというエイミー・カディの人気トークは、「説明」と個人的な「ストーリー」を上手に混ぜ合わせている。サルマン・カーンのトークは、彼自身の「ストーリー」からはじまって、カーン・アカデミーの特色を解き明かす「ワンダーウォーク」に変わり、最後にワクワクするような新しい教育の可能性を示して、「未来の景色」を見せてくれる。

そこで、もう一度言っておきたい。ここで紹介したテクニックは、あなたを縛るものじゃない。あなたを助け、その素晴らしいアイデアを聞き手の心に植え付けるためのツールだ。だから、あなたのアイデアがいちばん強く、本物らしく伝わるように、これらのツールを選び、組み合わせ、調和させ、補ってほしい。

ここまでのところで、スルーラインとトークの中身ができ上がり、つながり、ストーリー、説明、説得、啓示というツールをあなたらしく上手に組み合わせることができたとしよう。

では、次にどうしたらいい？　そろそろ開演の準備に入ろう。

準備の中で、トークの成功と失敗を分ける次の４つの重要要素をこれから見ていこう。

- **ビジュアルを入れるかどうか。入れるとしたらなにを見せるか**
- **トーク原稿を暗記するか、「今この瞬間」をとらえて語るようにするか**
- **どちらのタイプのトークを、どう練習するか**
- **どのようにつかみと締めをパンチのあるものにするか**

さあ、準備はできた？　では行ってみよう。ここからが本番だ。

準備

Preparation Process

10
Preparation Process
Visuals

ビジュアル

そのスライド大丈夫？

21世紀の今、僕たちには話し言葉を補ってくれる数々の華やかなテクノロジーがあるし、それを上手に使えばトークを新たな高みに引き上げられる。写真、イラスト、美しい文字、図表、インフォグラフィックス、アニメーション、ビデオ、オーディオ、ビッグデータによるシミュレーション。そうしたすべてが説明力と見映えを上げてくれる。

でもまずは、そうした素材が本当に必要なのかを胸に手を当てて聞いてほしい。TEDの中でもっとも再生回数の多いトークの少なくとも3分の1は、まったくスライドを使っていない。なぜ？　だって、絵や写真があるほうがトークだけよりも絶対面白くなりそうなのに？　でも、実際にはそうじゃない。スライドがあると聞き手の注意が話し手からスクリーンに多少は移ってしまう。トークの力が話し手と聞き手のつながりにあるとしたら、スライドがその邪魔になることもある。

もちろん、聞き手の注意がスクリーンか登壇者かのどちらか一方にしか向かないというわけじゃない。スクリーンで見るものは、聞き手の頭の中で話し言葉とは違う場所に収まる。たとえば、分析と鑑賞とでは、働く脳の分野が違う。それでも、トークの核がごく個人的なことだったり、笑い話や生々しい経験談だったりする場合には、ビジュアルを忘れて観客に親しく話しかけたほうがうまくいくかもしれない。

どんな講演者にも、これは言える。ダメなスライドなら、ないほうがましだ。

とはいえ、ほとんどのトークではいいスライドが役に立つし、時にはビジュアルが成功と失敗を分けることもある。

TEDはもともと、テクノロジーとエンタテインメントとデザインに特化したカンファレンスだったので、美しくインパクトのあるスライドがあって当たり前という雰囲気がある。TEDが話題になったのも、そのおかげだという人もいるだろう。

では、優れたビジュアルに共通の要素とはなんだろう？

大きく3つに分けられる。

- **表に出す力**
- **説明する力**
- **目で楽しませる力**

では順番に見ていこう。

表に出す

ビジュアルには、言葉で説明できないなにかを見せる力がある。アーティストや写真家の作品を紹介するには、ビジュアルは不可欠だ。探検家がたどる旅や、科学者の知られざる発見にも、ビジュアルが役に立つ。

エディス・ウィダーは、巨大イカをはじめて動画に収めたチームの一員だった。彼女のトークのすべては、その生き物をとらえた瞬間の映像にかかっていた。スクリーンにありえないほど巨大な生き物が現れたとき、観客は度肝を抜かれた。だけど、ここまでドラマチックな映像はそうそうない。大切なのは、文脈を設定し、下地をつくり、それから……バン！　と出すことだ。ビジュアルに奇跡を起こしてもらおう。できる限りシンプルに、フルスクリーンで見せたほうがいい。

説明する

百分は一見にしかず（コンセプトを言葉で説明しなくちゃいけない場合でも同じだ）。言葉と画像がひとつになったとき、説明は完璧になる。人の心は複合的なシステムだ。ビジュアルを想像することで、人は世界を成り立たせている。なにか新しいものを説明しようと思ったら、それを見せて語るのが、いちばんシンプルで説得力がある。

でもそのためには、語ることと見せるものが、説得力のある形でひとつにならなければいけない。たまに、ものすごく複雑なスライドを見せる講演者もいる。無意識に、自分の仕事がどれほどすごいかを印象づけようとしているのかもしれない。講演者が矢継ぎ早に話している間、観客は必死にスライドに目を走らせ、耳に入ってくる言葉と見ているものがどう一致するのかを考えるはめになる。

そうならないためには、1枚のスライドにつきひとつのアイデアだけを説明するといい。講演者の中には、科学者は特にそうだが、スライドの数は少ないほうがいいと思い込んでいる人がいる。だから、大量のデータを1枚のスライドに詰め込んでしまう。プロジェクターで1枚1枚スライドを映していた頃は、確かにそのほうがよかったかもしれない。だけど、今では1枚でも10枚でも費用は変わらない。限られているのは時間だけだ。だから、説明に2分もかかるような複雑すぎるスライドは、3枚か4枚のシンプルなスライドに分けて、どんどんクリックしていけばいい。

TEDのトム・ライリーは、聞き手の認知負荷が少ないほうがいいと言う。

トークとスライドの両方があると、観客は2種類のアウトプットを同時に認知しなくちゃならなくなる。講演者は両方の流れをうまくひとつにまとめなければならない。理論物理学の話を聞くのはかなりの負荷がかかる。いくつもの要素を詰め込んだスライドも、大きな負荷になる。その場合、聞き手の脳は言葉に集中するか、スライドに集中するか、そのどちらにも焦点を当てるのか、決めなくちゃならない。だから話し手はどこに聞き手の注意を向けるかを決めて、スライドが言葉と競い合わないようにしてほしい。

また、スライドについて話したら、そのスライドをスクリーンに映し続ける意味はない。トムはこう続ける。

暗くすれば、聞き手は画像を見なくてもいいのでより言葉に集中できる。話し手がまたスライドに戻るときには、聞き手も準備ができている。

1枚のスライドにつきひとつのアイデアだけを紹介するなら、そのポイントを強調するためにもっとできることはないかと考えたほうがいい。グラフやチャートについては特にそうだ。2月の降雨量が10月よりも必ず多いと話すなら、降雨量のグラフの中で、2月と10月を別の色で表してみたらどうだろう？

それから、3月と11月を比べるとしたら、別のグラフに切り替えたほうがいい。ひとつのスライドに全部詰め込んではだめだ。

デイビッド・マッキャンドレスは美しいスライドでデータをわかりやすく紹介する達人だ。

たとえば2010年のTEDグローバルで、彼は2枚のスライドを見せた。1枚目のスライドには『世界でいちばん軍事費が多い国は？』という題がついていた。それぞれの国が大きさの違う10個の正方形で表され、その大きさが軍事費に対応していた。

でも、2番目のスライドは、GDPの中の軍事費の割合を四角で示していた。すると、とたんにアメリカは、ミャンマー、ヨルダン、グルジア、サウジアラビアよりも下の8位になった。2つのスライドだけで、聞き手の世界観は急に鋭くなっていた。

スライドに文章を入れると、しかも自分が話そうとしている言葉を入れるとわかりやすくなると考えている講演者がいまだにいるようだ。それはありえない。箇条書きをずらずらと並べた昔ながらのパワーポイントでは、確実に観客は退屈してしまう。聞き手は先にスライドに目を走らせるので、講演者が詳しく説明するときには、またかと思ってしまう。登壇者がそんなスライドをTEDに持って来たら、僕たちは飲み物でも薦め、登壇者と一緒にモニターの隣に座って、あれもこれも消してほしいと丁重にお願いする。箇条書きごとに1枚ずつ別々のスライドにすることもあれば、長い文章を短いフレーズにすることもある。画像に変えることもある。全部消してしまうこともある。

つまり、登壇者の言葉を文章で繰り返すだけのスライドにはなんの価値もないということだ。数分かけてひとつの要点を説明しているときには、なにについて話しているかを思い出させるために、スクリーンに言葉かフレーズを出しておいてもいいのかもしれない。でもそれ以外のスクリーンに映った文章はスピーチの邪魔になるだけで、助けにはならない。

スライドの文章を短くして、間接的にアイデアを伝えることもできる。スライドには「ブラックホールはどんな光も吸い込んでしまうほど」と書くより「ブラックホールはどのくらいブラックか？」のほうがいい。そして、最初の文章を話せばいい。そのスライドなら、観客の好奇心をくすぐるし、より興味がわく。

とすると、ことは単純だ。ビジュアルの目的は言葉を伝えることじゃない。それは口で伝えればいい。口でうまく伝えられないことを伝えるのがビジュアルだ。たとえば、写真、ビデオ、アニメ、重要データといったものだ。僕らのお気に入りのビジュアルの達人は、ハンス・ロスリングだ。２００６年、彼は48秒のコマ送りのスライドを見せてくれた。そのたった48秒で、僕たちの頭の中にあった途上国についての先入観は一変した。そのスライドを見ていない人に、僕は説明できない。説明するには数段落が必要だし、それでも絶対わかってもらえないと思う。

そこがポイントなんだ。スクリーンで見ないとわからない。もし次にコンピュータに近寄ったら、グーグルで「ハンス・ロスリング　これまで見た中で最高の統計」と検索してほしい。見たらびっくりしてもらえると思う（4分5秒あたりから48秒のクリップがはじまる）。

みんながハンス・ロスリングになれるわけじゃない。でも、少なくともこう自問できる。ビジュアルは自分が言いたいことを説明するカギになるか？　もしそうなら、言葉とどう組み合わせたらいちばん強いインパクトを残せるだろう？

目で楽しませる

わりと見過ごされていることだが、ビジュアルにはトークを大いに目で楽しませる力がある。ビジュアルアーティストでさえ、自分の作品のほんの一部しか見せないことに、僕はいつも驚いてしまう。もちろん、概念については語りすぎないほうがいい。でも画像は？　いくら見せてもいい。かならず画像を説明しなくちゃいけないと思い込んでいる人もいる。説明しなくてもいい。大きな展覧会場に大切な観客を招いても、1種類の展示しか見せる時間がないとしたら、最初に会場の残りの場所をさっと案内して、たくさんの作品を印象づけ、理解を深めてもらうほうがいい。たとえ言葉の説明がなくても、5秒間の画像でインパクトを与えられる。そんな贈り物があるのなら、隠しておくのはもったいない。

たとえトピック自体は美的なものでなくても、観客にビジュアルに浸ってもらえるようにトークを構成して、楽しんでもらうことはできる。

TEDフェローでデザイナーのルーシー・マクレーは、数十枚もの美しく興味深い画像やビデオを取り入れて、体臭についてのトークさえ、ワクワク感を感じさせてくれた。

こうした、優雅なフォント、イラスト、アニメーションを目で楽しむプレゼンには、抗えない魅力がある。

ここまでは、基本的な原則だ。とはいえ、ビジュアルの悪魔は細部に宿っている。ふたたび

TEDのトム・ライリーに登場してもらい、もう少し掘り下げてみよう。質の悪いビジュアルはトムにとっては肉体的な苦痛らしい。じゃあトム、よろしく！

（トム・ライリー）

オッケー！　では、まずはツールから紹介しよう。

プレゼンソフトのコツ

２０１６年現在の主なツールは３つ。パワーポイント、キーノート（マック向け）、そしてプレジ（Prezi）。パワーポイントは万国共通だけど、僕はキーノートのほうが使いやすいし、文字もグラフィックもこっちのほうがいい。プレジ（TEDが初期に投資した）は、スライドを１枚ずつ順番に見せていくのと違って、背景を回転させたり、見せたいものにズームインしたり、ズームアウトしたりもできる。

最近のプロジェクターやスクリーンのサイズは、ワイドテレビと同じ16対9になっていて、昔のテレビの4対3じゃない。でも、ソフトウェアは4対3のままだ。だからまず設定を16対9に変えたほうがいい（講演会場のプロジェクターが4対3なら変えなくていい）。

箇条書きや文字やダッシュが組み込まれたテンプレートを使わないように。それだとみんなと同じになってしまうし、結局できることが限られてしまうんだ。まったくなにもない空っぽのスライドからはじめたほうがいい。写真を何枚も見せるなら、背景は黒がいい。すると背景がなくて写真が全面に浮かび上がるように見える。

写真は「フル・ブリード」で見せよう。つまりフチなしの全画面表示だ。3枚を別々に全画面表示にするほうが、1枚のスライドに3つの写真を詰め込むよりいい。写真は今も4対3のサイズなので、上下を切りたくなかったらそのままのサイズで黒の背景にして左右を隠せばいい。

写真の解像度について。大画面に映し出されたときにうっとうしくないように、できる限り解像度の高い写真を使うこと。ソフトウェアが遅くならない範囲なら、解像度は高ければ高いほうがいい。

フォント／文字

プレゼンごとにフォントを統一しよう。トークに合うフォントと、合わないフォントがある。普通は、ヘルベチカやアリアルといった標準的なサンセリフの書体がおすすめだ。文字幅が極端に狭いフォントは読みにくく、特に背景が暗いときはそうなので、使わないほうがいい。よくわからない場合はシンプルなものを使うといい。

フォントの大きさ

文字が小さいと、観客が読めない。最低24ポイントか、それより大きくしてほしい。フォントサイズは最高でも3種類に留めて、サイズごとにきちんと使いわけよう。たとえば、大きなサイズはタイトルや見出し、中くらいのサイズは主なアイデア、小さなサイズは裏付けになるアイデア、などだ。

背景

写真に文字をかぶせる場合には、客席から読めるかどうかをきちんと確かめよう。にぎやかな写真に直接文字を打ち込むときには、黒い下線を引いたほうがいい。

フォントの色

「シンプルさ」と「コントラスト」を心がけよう。白地に黒、白地に暗い色、黒地に白や黄色なら、はっきりしていて読みやすい。強調や驚きを狙うとき以外は、同じ色に統一したほうがいい。明るい背景に明るい色のフォントを使ったり、暗い背景に暗いフォントを使ったりしないほうがいい。たとえば、黄色の背景に明るいブルーや、黒地に赤などにすると目が疲れてしまう。

見やすさ

フォントの種類と色を決めたら、スライドをコンピュータのスクリーンに出して、もっといいのはテレビかプロジェクターに映して、2メートルから4メートルほど離れた場所から見るといい。すべて読めるだろうか？　解像度は十分か？　そうでなければ調整し直したほうがいい。

してはいけないこと

- 箇条書きは絶対にNG。
- ダッシュは徒競走だけでいい。文章のはじめにつけるのはやめよう。
- 斜体を使いたくなっても使っちゃだめだ。読みにくいから。太字はOK。
- 網掛けで文字が読みやすくなることもある。特に写真に文字をかぶせるときはそうだ。でも、使い過ぎないよう注意しよう。
- 1行の中にさまざまな書体を混ぜないでほしい。見た目が最悪になる。

説明と図表

一つひとつ積み上げていこう。スライドごとに言葉や画像を加えていき、観客を一度にひとつのアイデアに集中させ、一連のスライドを連続して見せるほうがいい。聞き手にそれぞれのスライドを消化する時間を与えよう。1枚のスライドにたくさんの情報を詰め込むと、消化しきれなくなる。

写真の出典

科学分野では、すべての写真にかならず出典を記すことになっている。ただ、出典を大きな文字で入れると、写真から観客の注意がそれてしまう。すべての写真の出典が同じなら、たとえば「ナショナル・ジオグラフィックに感謝します」と口ではっきり言うか、「画像の出典はすべてナショナル・ジオグラフィック」とどこかに入れておけば、スライドごとに繰り返さなくていい。

出典を入れなければならない場合には、同じ場所に同じフォントで同じ大きさで（10ポイントより小さいサイズで）入れるといい。その場合でも、たとえば「写真：オーグスティン・アルバレズ、エイメス・リサーチ・センター、NASA、マウンテンビュー、カリフォルニア州」ではなく、「オーグスティン・アルバレズ、NASA」と縮めてほしい。権利者の中には、たとえば美術館などは名前の短縮をいやがることもある。確認したほうがいい。僕はいつもクレジットを白文字にして、90度反転させて右端に縦に入れる。友達に、クレジットが邪魔かどうか聞いてみよう。もし邪魔だと言われたら、大きすぎるということだ。

あなたとチームの写真

仕事中のあなたの写真を入れるのはいい。研究室、茂みの中、ハドロン衝突装置。だけど、特別な理由がなければ1枚でいい。ベン・サンダースは、北極探検と南極探検について語ってくれた。その話には、彼の写った写真が必要だった。もちろん、サポート隊はベンの探検を支援するため不休で働いていたが、もしチームの写真を入れていたら彼自身のストーリーから観客の注意がそれてしまったかもしれない。他のメンバーの貢献も紹介したいのはわかるが、卒業アルバムのようなチームの顔写真は、あなたにとっては大切でも、観客にとってはあまり大切じゃない。だから、アルバムのような写真はやめて自然なグループ写真を1枚だけ入れよう。そのほうがチームの雰囲気がよくわかる。

動画

あなたの仕事とアイデアを見せる道具として、動画はとっておきのツールになる。だけど、一度に30秒を超えてはいけない。よっぽどのことがない限りは、18分のトークでそれを2回から4回までにしたほうがいい。その動画があなたの制作したもので、あなたが権利を持っていることが理想だ（スター・ウォーズの一場面などではなく）。

動画では、静止画で説明できないものを見せてほしい。そして質の高い作品（HDで撮影され、ライティングや特に音質の優れたもの）でなければならない。質の低いビデオは、中身よりも品質のほうが気になってしまう。とはいえ、自分たちの手による本物でなければならないし、いかにも広報部門がつくったようなものはだめで、ありきたりな音楽もやめたほうがいい。仕事中の姿をすべてビデオに収めておくことをおすすめする。使う予定がなくても、あとで使えるかもしれない。ＴＥＤは高画質ビデオと写真にお金をかけてきたし、時が経つほどその価値はますます大きくなっている。

トークの中に動画を入れる場合には、きちんと再生できることをステージに出る前にＡＶチームに確認しておこう。

スライドの切り替え

スライドの切り替えでつまずく登壇者は多い。大原則は、なにもしないことだ。さざ波、キラキラ、コンフェッティ、渦巻、垂れ幕、カール、キューブ、ズーム、スワップ、爆発、ドロップ、バウンスなど、どれもキーノートにある切り替えだ。笑いをとりたいときか皮肉以外では、僕は使ったことがない。どれもわざとらしいし、アイデアから注意がそれて、ソフトウェアの動きに意識が行ってしまう。

僕の好きな切り替えは２つ。なにもしない（映画編集のように、カットするだけ）か、ディゾルブだ。なにもしない（またはカットの）場合はクリックするだけで次に移るし、ディゾルブなら間を半秒以下に設定しておけば自然に見える。カットしてディゾルブすれば、暗に2つのことを伝えられる。カットで新しいアイデアに移り、ディゾルブで2つのスライドになんらかの関係があると伝えられる。これは鉄則ではないけれど、役に立つルールだ。カットとディゾルブは両方同時に使っていい。でも特に理由がなければ、使わないのがいちばんだ。要は、切り替え効果に観客の注意を向けさせないことが大切だ。

ファイルの持ち運び

主催者にプレゼンスライドを送り、完成したスライドと動画をUSBメモリーで会場に持ち込んでほしい。使用するフォントもその中に入れてほしい。僕は、前もって会場に送った上で、いつもUSBメモリーを持っていく。あと、忘れちゃいけないのは、ネットで送ったりUSBメモリーにコピーする前に、すべてのファイルをフォルダーに入れて、Zipファイルに圧縮すること。キーノートにしろパワーポイントにしろ、そうやってすべての要素をひとつの場所に集めておこう。何の動画か、どこに挿入するかがはっきりわかるようにタイトルをつけてほしい。たとえば、こんな風に。「シオブハン・スティーブンス・スライド12・ビデオ・繭から蛾が出てくる様子」

権利処理

写真、動画、音楽、特別なフォントを使用する権利があるか、それがクリエイティブ・コモンズに登録されているものか、フリーの素材かを確かめてほしい。自分の作品を使うのがいちばん簡単だし、それがいちばんいい。たとえばホイットニー・ヒューストンの曲を生トークに使うには数千ドルかかるし、オンラインとなると特にお金がかかる。

テスト

テストには2種類ある。人のテストと機械のテストだ。まず人のほうは、講演者がプレゼン、特にスライドを、家族や専門家でない友達の前で見せてテストしよう。彼らが理解できたこと、できなかったこと、また疑問に思ったことを聞こう。テストはものすごく大切だし、技術的なトピックや抽象的なトピックの場合は特にそうだ。

機械のテストも同じくらい重要だ。僕は舞台上でスライドを操作できるよう、ＵＳＢ差し込みタイプの35ドルのスライドリモコンを買った。スライドはくっきりはっきり見える？　切り替えはスムーズか？　フォントは正しい？　動画をきちんと再生できる？　そのほかの技術的な不具合はない？　最初から最後まで何度も通しでテストしておけば安心だ。

会場で使っているコンピュータの機種を必ず聞いておこう。あなたがつくったのと同じデザインを同じフォントで見せられるかを確かめるためだ。主催者のソフトウェアが同じなら、どのバージョンかも聞いておこう。

ソフトウェアは最新バージョンのものを使ったほうがいい。主催者側はたいてい最新バージョンを使っているし、その場でバージョンを変えるのは大変で細かい調整もかなり必要になる。むかし、僕はマックのキーノートでプレゼンをつくって、PCのパワーポイントに変えてみた。リハーサルでは、ひどい出来だった。そこで、マックとキーノートを買うように主催者を説得し、それですごくうまくいった。

プレゼンの前に必ず、本番と同じ装置でスライドを最初から最後までテストしたあと、特に動画をテストしてほしい。なかでも音響係の人に音量をチェックしてもらうことが大切だ。スライドに声をかぶせて話す場合はとりわけそうだ。音が聞こえなかったり、耳を塞いだりするほどの大音量だと、あとが続かなくなる。

デザイナーに頼む

ほとんどの人は上手にスライドをつくれるけれど、特に重要なプレゼンで予算が許すなら、必ずプレゼン専門のグラフィックデザイナーの手を借りることをおすすめする。デザイナーならだれでもいいわけじゃない。ウェブサイトや印刷物専門のデザイナーは、スライドでアイデアを伝える技術や作法に詳しくないこともある。過去の作品例を見せてもらおう。Behance.

netなどのサイトで作品を見つけられる。

それ以上に大切なポイントを4つ挙げておこう。

1 **社内のグラフィック部門に頼む場合でも、はじめからあなた自身が制作に関わってほしい。** かならず積極的に関わること。できあがったビデオを見直すだけじゃだめだ。あなた自身が参加してほしい。ほとんどのデザイナーは優秀だけど、彼らはあなた自身の表現を助けてくれる存在でしかない。だから人任せにしちゃいけない。

2 **だれかのアドバイスがピンとこないときには、自分の直感に従ったほうがいい。** 舞台に立つのは、ほかでもないあなただから。

3 **デザイナーが近くにいなくちゃならない理由はない。** 僕たちは、たくさんの遠方のデザイナーとスカイプやメールやドロップボックスを使って仕事をしているし、それでうまく行っている。

4 **高いお金をかけてだれかを雇わなくてもいい。** プレゼンのグラフィックなら、ひとりから15人程度の小さなデザイン会社と一緒に仕事をするほうがいい。そのほうが、シニアデザイナーと仕事ができるからだ。また、RISD、アート・センター・カレッジ・オブ・デザイン、プラット、アート・インスティテュート、クーパーユニオン、ほか世界中のアートやデザイン学校からも卒業生が続々と生まれている。

改訂版の管理

変更や改訂のバージョンコントロールはくれぐれも慎重にしてほしい。ドロップボックスなどのツールを使って、すべての草稿、フォント、写真、ビデオ、音声を保存しよう。ファイルのタイトルに改訂版の番号、あなたの名前、会場名、そしてもしわかっているならTEDのセッション名を入れておくといい。たとえば、「v4trjwTomRiellyPrezTED2016Session11」といったように。イニシャル（trjw）で、だれが最後に改訂したのかわかるようにしておこう。ファイル名の頭に改訂版の番号と最後に改訂した人のイニシャルを入れておくのが重要で、そうでないとどれが最新版かわからなくなってしまう。ファイルをだれかに渡すときや受け取ったときには、最新版に新しい番号を付けて保存し、イベント主催者の制作チームにドロップボックスのリンクを送る前に、ドロップボックスの古いファイルをひとつのフォルダーに整理して、最新版と分けておいたほうがいい。最終版には、ファイル名の最初か最後に「最終版（ファイナル）」と入れてほしい。

デザイナーにとっては、デザインをはじめるまえにできるだけたくさんの素材(写真、ビデオ、音声）があるとありがたい。僕は、デザイナーの参考になるように、別のキーノートファイルにダミーのスライドをつくって、こんな指示を入れることもある。「このスライドでは僕たちが守ろうとしている種のひとつを見せる。このスライドは干上がった湖底を見せる」

できるだけたくさんのスライドに指示を入れ、整理して、デザイナーにそのファイルを送るといい。映画監督が壁にポストイットを貼るのと同じだ。これが考えの整理に役立つ。

最後に、グラフィック全般に言えることだが、シンプルなほうがいい。

では、ここで著者のクリスにマイクを戻そう。


（クリス・アンダーソン）

みなさん、トムに拍手を！

最後に、最先端のビジュアルを参考にしたければ、僕らが心を奪われた3人の登壇者のビジュアルを紹介しよう。

環境保護写真家のマック・ストーンがTEDxUCで見せてくれた美しい画像は、「エバーグレーズを守りたくなる写真」というトークのタイトルにふさわしいものだった。

TEDxバンクーバーでは、ヤル・ソープが明快なインフォグラフィックスの力について語り、それを証明する例を次々と見せてくれた。

TEDxシドニーでは生物医学のアニメーター、ドリュー・バリーが、驚きの3Dアニメーションで、僕たちの細胞の秘められたプロセスを明かしてくれた。

さて、ビジュアルの計画ができたら、今度は言葉に戻って、どう実際のトークに落とすかを考えよう。これには、2つのまったく違った方法があって、世界一の講演者の中でも意見はまつぷたつに割れている。ありがたいことに、その溝を埋めることはできる。

11

Preparation Process

Scripting

原稿を書く

暗記する？　しない？

最近のＴＥＤカンファレンスに、ある新進気鋭の物理学者を招き、このところの驚くべき発見について話してもらうことになった。彼は大学でも科学分野で最高の講義者として評判が高かった。彼の講義はいつも満員で、複雑なことを平易に語り、わかりにくいことをワクワクするものに変える才能を持っていた。しかも、リハーサルでの彼は情熱的で雄弁で明快で、僕たちを唸らせてくれた。僕は彼の登壇を心待ちにしていた。

出だしは良かった。ステージを闊歩して、興味深いたとえ話で観客の心をつかんだ。そして……少しつまずいた。一瞬、言うことを忘れてしまったのだ。彼は微笑んでｉＰｈｏｎｅを出し、原稿を確認した。問題なし。でもまた40秒後に同じことが起きた。だんだんしどろもどろになってきた。観客の顔にクエッションマークが浮かび、彼の緊張が客席に伝わりはじめた。彼の声が固くなっていくのがわかった。咳もしていた。僕は彼に水を差し出した。それが一瞬役に立った。

でも、やっぱりだめだった。スローモーションのように、僕たちの目の前で彼のトークは壊れていった。その日のトピックだったブラックホールに彼自身が飲み込まれていくようだった。またiPhoneを取り出し、それが3度、4度とさらに重なった。そしてiPhoneの原稿を読みはじめた。笑顔と情熱は消えた。水のボトルは空になった。額からは玉の汗が滴り落ちていた。首を締められて死にそうな声だった。なんとか最後までたどり着くと、同情するようなぎこちない拍手が起きた。

彼のトークはその日の話題になった。でも、彼が望むような話題じゃなかった。

ここで言っておきたい。彼が悪かったわけじゃない。僕のミスだ。トークの準備をしているときに、事前に細かく原稿を書いて大ヒットを狙うように勧めたのは僕だった。登壇者のほとんどはそうするし、実際、リハーサルではうまく行っていた。でもそれは、彼が馴れ親しんだスタイルじゃなかった。彼はその優れた頭脳から直接流れ出す言葉で、流暢にその瞬間を切り取って、学生の前で何度も何度もそのトピックを名人芸のように講義していた。僕はそのスキルをTEDに持ってきてもらうよう、彼にお願いすべきだった（事実、彼はそのスキルを持ってきてくれた。前日のリハーサルではステージ上で物理学の新発見について即興で素晴らしい説明を披露してくれていた。しどろもどろになったのは、原稿のせいだった）。

トークの準備と伝え方にはさまざまなやり方があり、自分に合った方法を見つけることが大切だ。素晴らしいトークを準備しても、いろいろな原因で本番でうまくいかない場合がある。たとえば、次のようなことだ。

・声のトーンが眠けを誘う
・棒読みに聞こえる
・言いたいことの半分も言えないうちに時間切れになってしまう
・言葉とスライドを合わせようとして訳がわからなくなってしまう
・動画がはじまらず、スライド送りも故障してしまう
・観客とのアイコンタクトができない
・ステージ上で少し歩きまわったほうがいいのか、ひとところにじっとしていたほうがいいのかわからず、身の置き場がないように感じてしまう。そこで、ぎこちなく動いたり止まったりしてみる
・聞き手に笑ってほしいところでスベってしまう
・絶対に笑ってほしくないところで、笑いが起きる
・スタンディングオベーションを夢見ていたのに、お義理の拍手がパラパラと起きる
・次になにを言うかを忘れ、頭が真っ白になり、凍りつく。登壇者がいちばん恐れているのがこれだ

幸い、きちんと準備していれば、これらのほとんどは避けられる。とはいえ、先ほどの例で

もわかるように、正しく準備をしないといけない。それは、どのようにトークを届けたらいいかを知ることから始まる。話し手によって届け方は違う。どのやり方があなたに合うかを見つける手助けになるのが、この章だ。

数年前まで、僕たちはかなり厳しいルールを設けていた。演台を使わないこと。原稿を読まないこと。そのルールは大部分正しかった。演台に隠れず、観客の前に立って本音を話す講演者の無防備な姿に、人々は心を揺さぶられる。それが、純粋な人と人とのコミュニケーションだ。

だけど、みんな同じだと面白くない。どの講演者もステージの真ん中に立ち、完璧に暗記したトークをくっきりはっきり流暢に話したら、聞き手はすぐに退屈してしまう。カンファレンスに1週間も参加していると、人と違う講演者がいちばん印象に残る。全員が原稿なしで話していれば、演台に戻って原稿を読むような変わった学者のほうが記憶に残るかもしれない。なによりも大切なのは、講演者が自然に自信を持ってふるまい、情熱を持つトピックに集中してトークができるということだ。

僕らがこのことに気づいたのは、ノーベル賞受賞者のダニエル・カーネマンを招いたときだった。行動経済学の父として有名なカーネマンは、どんな人の世界観も変えてしまうようなアイデアを数多く抱えた非凡な思想家だ。僕たちははじめに、いつものTED形式で話してもらうように頼んだ。演台はなし。ステージに立って、もし必要ならメモ書き程度のカードを使って話してほしい、と。でもリハーサルでカーネマンは明らかに居心地が悪そうだった。トークを全部暗記できていなかったので、しょっちゅう言葉に詰まり、もじもじと目を伏せて考えていた。

僕はとうとうこう切り出した。「ダニー、これまでに数えきれないほど講演をなさってきましたよね。どんな風に話すのがいちばん気が楽ですか？」。演台にコンピュータを置いて、メモを見ながら話すのがいい、と彼は言う。それを試してみると、すぐに緊張がほぐれた。でもまだ、スクリーンばかりに目をやっていた。そこで、妥協案として演台を置くかわりに、できる限り観客に目を向けてもらうことにした。すると、カーネマンはそのとおりにしてくれた。彼のトークは素晴らしく、暗記や棒読みのようには聞こえなかった。観客とつながったように感じられた。カーネマンはまったくもじもじせずに、言いたいことをすべて言い終えた。

そんなわけで、今は決まったルールはない。ただ、その人がいちばん力強くトークを届けられるようにアドバイスしている。

まず、次のどちらにするかを決めるといい。できれば、トーク準備の早い段階で決めるのが理想だ。

A　トークを一字一句完全な原稿に書き起こす（それを読むか、暗記するか、その組み合わせにするか）

B　がっちりと構成を決めた上で、それぞれのポイントをその瞬間の言葉で話す

どちらのやり方にも、それぞれに大きな利点がある。

トーク原稿を書き起こす

すべてを原稿に落とすと、なによりも制限時間内に言いたいことを漏れなく語れる。言いたいことをすべて、10分、15分、18分という時間の中に凝縮するのは至難のワザだ。ややこしい説明が必要だったり、説得にいくつかの段階を経なくちゃならない場合は、一言ひとことを書き留め、文章と段落を練り、完璧なものを目指すことがおそらく欠かせない。また、原稿にまとめておけば、それを前もって共有することもできる。カンファレンスの数カ月前に登壇者が原稿を送ってくれると、僕たちもすごく助かる。どこを削ったらいいか、どの部分をもっと説明したほうがいいかを僕たちから登壇者に伝えられるからだ。

とはいえ、よくない点もある。伝え方を間違えると、新鮮さがなくなってしまうのだ。「原稿を読む」のと「観客に話しかける」のでは、聞く側からはまったく違う印象になる。普通は（もちろん例外はあるが）、話しかけるほうが観客の反応ははるかにいい。なんとなく不思議な気もする。どちらも言葉は同じだし、講演者がそれを書いたことはわかっているのに、どうして伝え方で違ってくるんだろう？

おそらく、人と人とのコミュニケーションは、その瞬間に起きる化学反応だからなのかもしれない。あなたがなにかを話す。僕はあなたの目を見て、さまざまな無意識の判断を下す。それは本心か？　情熱を注いでいるか？　本当にそれに打ち込んでいるのか？　それが伝わらなければ、聞き手は完全に心を開かない。ということは、話し手がその瞬間に「頭でなにかを考えている」様子を見ることが、聞き手にとってとても大切なのだ。聞き手はそこに話し手の信念を感じ取り、話し手が大きなアイデアを発見し、格闘し、それを形にする様子を見て、興奮を分かち合う。その瞬間に口にした言葉が本物だと感じられれば、聞き手はその意味を受け入れる。

逆に、原稿を読んでいると、その言葉が遠く人間味のないものに聞こえる。スポーツの試合を録画で見るようなものだ。もう勝敗はついている。結果を知らなくても、どうでもよくなっている（もしコメントがリアルタイムではなく試合後に付けられたものだとわかったら、一層つまらない。原稿棒読みのトークはそんな感じだ）。

だから、原稿を書くなら、やり方は主に3つある。

1　隅から隅までトークの内容を熟知して、まったく原稿を読んでいるように聞こえないほど完璧に暗記する（これについては、あとでもっと詳しく話そう）。

2　原稿を参考にしながら（身体が全部隠れないような演台に原稿を置くか、コンピュータのスク、リーンに映すか、隠しモニターに映してもいい)、**文章ごとに顔を上げて聞き手と目を合わせる。**「原稿を読む」というより、相手に話しかける。観客にはその違いがわかる。話す言葉に意味を与え、できるだけ自然に情熱的に語ってほしい。アイコンタクト、笑顔、表情が大切だ。原稿を熟知して、1文か2文ごとに原稿をちら見するくらいにしよう。もちろん訓練が必要だが、その価値はあるし、丸暗記よりはるかに負担は軽い。

3 **原稿を箇条書きにして、その瞬間に自分の言葉でそれぞれのポイントを表現する。**これはこれで難しい点がある。次の「原稿のないトーク」で、その点を説明しよう。

ただし、次の2つの場合のどちらかなら、原稿をそのまま読んでもかまわない。

1 **有無を言わせないほど美しい画像や動画を映しながら話す場合。**ここで、話し手はキャプションを言葉にする役目を担う。観客の目はスクリーンにくぎづけになっている。写真家のジェームズ・ナッチェットウェイによるTEDプライズでのトークはそんな例だ。

2 **話し手が本当に優れた文章家で、観客が文学作品の一部を聞いているように感じる場合。**とはいえ、次の例にもあるように、偉大な文筆家による詩的な原稿であっても、棒読みでないほうが説得力が増すこともある。

こうした条件はあるけれど、大半の講演者にとって本当に言いたいことを力強く伝えるいちばん確かな方法は、まず原稿をつくって、それを自分の一部になるまで練習することだ。18分のトークを暗記しようと思ったら、5、6時間はかかる。毎日1時間の練習を1週間続けなくちゃならない。その時間がなければ、丸暗記は辞めたほうがいい。舞台の上に立って、原稿を思い出せないと困る。

問題は、原稿を思い出せずに固まってしまうことじゃない。あなたが原稿を思い出そうと必死になっているのが観客に伝わってしまうことが問題なのだ。次の文章を思い出そうとして、目を白黒させているのが見えてしまう。声のトーンが平坦で機械的になったことにも気づかれる。あなたは文章を思い出すことに必死で、本当の意味を伝えられなくなってしまう。

そうなると悲劇だ。素晴らしいトークを披露するために時間をかけて努力したのに、結局インパクトを与えられないまま終わってしまう。

でも、この悲劇は避けられる。それには努力が必要だ。

たとえば1週間かそこらでトークを暗記しようとしている友達を観察したとしよう。毎日その友達に、原稿を見ずにできる限りいちばんいいトークをしてもらうことにする。すると、妙なことに気付くだろう。いちばんはじめの頃のほうがトークに説得力があるのだ（まとまりはないかもしれないが）。その友達はトークをマスターしてないので、知っていることをおおまかに決めた順番に頑張って話しているだけだ。

でも、数日経つと、変化が見えてくる。トークをかなり覚えて、ところどころすらすらと語れるようになる。ところが、最初に聞いたときほど、生き生きと感じられない。友達のストレスをあなたも感じるようになる。あれ、ちょっとまって、もう1回やってみる、といった言葉が出てくる。そうでなくても、少し早口で機械的になっている。

それは、言葉に意味を持たせずにトークを棒読みしている印だ。準備の中のこの段階を、僕は「不気味の谷」と呼んでいる。これはコンピュータアニメーション用語で、キャラクターが人間にかなり近くなったけれど、微妙に違うときに感じられる現象のことだ。そこに人は気味の悪さを感じる。人間らしさを狙わないほうがマシなのだ。もし友達がこの状態で本番を迎えると、トークはおそらく失敗する。原稿は忘れて、箇条書きのメモを見て話したほうがいい。または、原稿を持ってステージに上がったほうがいい。

それでも暗記を続けたら、6日目か7日目には、ハッとするような変化に気付くだろう。いきなりトークが板についてくる。内容が身体に染み付いて、難なく思い出せるようになる。すると、もういちど言葉に意味を持たせることに意識を向けられる。

だから、原稿を暗記しようとしている講演者には、こう言いたい。暗記はいいことだ。大ヒットも夢じゃない。でも絶対に「不気味の谷」を越えてほしい。そこに留まってはいけない。その強い意思がないのなら、暗記はやめたほうがいい。

じゃあ、暗記するにはどうしたらいい？　TEDの登壇者はいろいろな方法を使っている。

「嘘つきを見分ける方法」というヒットトークを飛ばしてくれたパメラ・メイヤーは、正直にこうアドバイスしてくれた。

ノース・カロライナのキャンプ・シーファラーで、私たちは歌を歌いながら立ち上泳ぎをさせられました。しかも、リズムに合わせて人差し指を動かしながら、立ち泳ぎをしなくちゃならなかったんです。つまり、別の活動に集中しながらでもトークができるくらいでないと、本当に暗記したとは言えないってことです。ブラウニーの材料を計りながらトークができますか？　机の上に散らばった書類を棚に整理しながらトークができますか？　認知システムに高い負荷のかかった状態でトークができるようになれば、ステージでもうまくいくでしょう。

パメラのトークを見てほしい。丸暗記しているように見えるだろうか？　そうは見えない。すごく自然に見える。

音声アーティストのリーブスも、同じように語っていた。

暗記する時間があるときは、とにかくすべてを丸暗記するんだ。ただの音みたいになるまで、トークを暗記する。口の中で作業する感じ。早く言ってみたり、ゆっくり言ってみたり、節をつけたり、大きな声を出したり、かっこよく言ってみたりする。思い出すんじゃなくて、パフォーマンスができるまで練習する。別のことをやりながら暗唱するんだ。いつもはトークの前の晩にホテルの部屋でテレビの深夜番組を普段より少し大きな音で聞きながら、わざと集中できないようにする。それから（冗談抜きで）片足を後手でつかんで鏡の前でトークを暗唱してみる。笑顔が消えたら、また最初からやり直し。バランスを崩したら、またはじめからやる。それで最後まで行けたら、トークを忘れないしいつでも笑顔でいられる。

しょっちゅう運転する人なら、トークを録音して（スマホでいい）、小さな音量で再生しながら、少し先を話してみるといい。それからスピードを上げてもう一度試してみよう（ほとんどのスマホでこれが可能だ）。TED登壇者のコーチとして人気のジーナ・バーネットは2倍速でトークを暗唱することを勧めている。それが無理なくできれば、普通の速度ならなにも考えずに話せて、言葉の意味に完全に集中できる。ジーナは暗記についてこんな素晴らしいアドバイスをしてくれた。「私はいつもこう言うんです。練習しても完璧にはなりません、って。練習は不完全さと共存することを教えてくれるんです。なにかを隅から隅までわかっていれば、失敗しそうなところで遊べるんです。間違いを排除するんじゃなくてね」

それがカギだ。トークを暗唱すると思ってはいけない。トークと共に生きるんだ。自分がトークそのものにならなくちゃいけない。言葉を思い出すのは当たり前で、ステージの上では情熱と意味を観客に伝えることに専念できるようになるのが、話し手の究極の目標だ。観客には、あなたがはじめてアイデアを語っているように聞こえなくちゃならない。

そして、それは可能なんだ。

すべての講演にいつもそこまで時間をかけろとは言わない。でもここぞというときには、そうする価値はある。

もうひとつ考えなくちゃならないのは、どんなタイプの言葉を使うかだ。話し言葉にするか、書き言葉にするか？　僕たちが日常会話で使う言葉と、作家の使う言葉はまったく違う。話し言葉は書き言葉より直接的だし、詩的じゃない。

ほとんどのスピーチコーチは話し言葉だけを使うようにアドバイスしている。つまるところ、講演とはトークで、文章じゃないからだ。マーティン・ルーサー・キングは、こうは言わなかった。「今日のこの日に、私は、生き生きとして力強く記憶に残るようなビジョンを届けたい」。かわりに彼はこう言った。「私には夢がある」

ハーバード大学のダン・ギルバート教授は、学生にレコーダーに向かって語らせ、それを書き起こして、トークの初稿にするようアドバイスしている。なぜだろう？

「書くときには、自然な会話ではだれも使わないような言葉やフレーズや文章や構成や言い回しを使ってしまう。だから、はじめに文章を書いてそれをパフォーマンス用に直すと、コミュニケーションの形式を変えることになるので、うまくいかないことが多い」

またこれから見ていくが、トークを「書き起こす」には何度も口に出して話してみるのがいちばんだと言う講演者も多い。

とはいえ、もう一度繰り返しておくと、それだけにこだわるのもよくない。優れた書き手は、別の形のトークができるし、優雅な書き言葉をトークの中心に据えてもいい。

TED2014でアンドリュー・ソロモンが行った、忘れられないトークの一節を紹介しよう。

私たちは、自分のアイデンティティを模索するためにつらい経験を求めるのではなく、つらい経験の中に自分のアイデンティティを模索します。意味のない苦悩に耐えることはできませんが、それに意味があると思えば大きな痛みにも耐えられるのです。人は楽よりも苦を深く心に刻むものです。楽しいことがなくても自分であることに変わりはありませんが、不運に動かされて意味を模索しなければ、私たちは私たちでありえないのです。

ソロモンが非凡な作家なのは明らかだ。この言葉は、普通は本や雑誌の特集で読むような文章で、酒場で友達に面と向かって話す言葉じゃない。それは、たとえば「模索」や「苦悩」といった詩的な言葉づかいに表れている。これは力強い書き言葉だし、そのまま聞いてもらうべきだ。たとえ原稿を読んでいたとしても、その詩的でパワフルな言葉に、一流の職人芸が感じられる。このトークのときは、僕たちは事前に原稿を書いてもらうことにした（ところで、アンドリューは酒場で友達と話すときにもこの調子だと言っていた。いつかその会話を立ち聞きしてみたい）。

アンドリューのようなトークなら、原稿を読んでも許される。というか、読むべきだ。ただし、この方向に進むなら、あなたが本当に優れた文章家だとしても、原稿を熟知して、聞き手に今この瞬間を味わえるようにしてほしい。すべての文章に気持ちを込めてほしい。できる限り顔を上げて聞き手と目を合わせてほしい。そして、結びに向けて強いインパクトを残したいなら、最後のページより前に原稿を捨てるといい。演台から離れて、メモを放り投げ、舞台の中央まで歩いて、結びの言葉を心の底から話そう。

原稿のないトーク

「原稿のないトーク」と言ってもその範囲は広く、即興のアドリブから、豊かなビジュアル付きの細かい準備と構成の行き届いたスピーチまでさまざまだ。すべてに共通するのは、話をしている瞬間に、あらかじめ書き留めた文章を思い出そうとしないことだ。むしろ、話し手はトピックについて考えをめぐらせ、目の前のポイントをいちばん上手に伝える方法を探す。なにかを書き留めるとしても、トークの主なポイントを思い出させるメモ書き程度だ。

原稿を書かないトークのいい点は多い。新鮮で、生き生きとして、リアルに感じられる。話し手の思考がそのまま大声で聞こえてくるようだ。もしこのスタイルがあなたにとっていちばん居心地がよく、あなたがトピックに精通しているなら、これがいちばんいいかもしれない。

とはいえ、「原稿がない」のと「準備してない」のでは、まったく違う。大切なトークなら、準備しないなんてありえない。原稿のないトークの多くは、説明が中途半端だったり、順番がおかしくなっていたり、重要なポイントが抜け落ちていたり、だらだらと時間をオーバーしてしまっている。

じゃあ、どうやって原稿のないトークの準備をしたらいいんだろう？　それはあなたがどんな旅に聞き手を連れて行こうとしているかによる。ひとつのストーリーを中心にしたトークは、複雑な説明や微妙な議論を積み上げるよりずっと簡単だ。いずれにしろ準備のカギになるのは、旅のたとえに戻って、その旅の一歩一歩がどんなものになるかを自問してみることだ。最低でも、その一歩一歩にラベルを貼れば、それが箇条書きか頭の中のメモの代わりになる。

もちろん、このやり方に次のような欠点があることは明らかで、それを避ける方法も考えておいたほうがいい。

- **重要なコンセプトを説明する言葉が突然出てこなくなる。**対策は、旅の一歩一歩をいくつかの違った言葉で声を出して説明し、それぞれが頭の中で完全にはっきりするまで練習することだ。

2 ものすごく重要なことを言い忘れてしまう。 対策は、今の一歩から次の一歩へと自然に移れるようにつなぎを練習することだ。つなぎのフレーズを覚えたり、それを頭の中のメモ書きに加えておこう。

3 時間をオーバーしてしまう。 そうなるとカンファレンスの主催者と、あなたの後のすべての登壇者に迷惑がかかる。観客もイライラする。絶対にやめよう。対策はひとつしかない。（A）トークを何度か練習して、きちんと時間内に収まるように確認する。収まらない場合は内容をカットする。（B）必ず時計を見るようにして、持ち時間の半分のところでどこまで進んでいるべきかを知る。（C）持ち時間の9割を超えないようトークを準備する。

スライドに頼ってこの問題をのり切ろうとする講演者は多い。最悪の場合には、文章の箇条書きがずらずらと並んだ退屈なスライドが続くことになる。もうおわかりだと思うが、これほど悲惨なトークはない。話し手がこれから話すことがすでにスライドに書いてあったら、言葉にまったく力がなくなる。

スライドが上手に構成されていれば、トークをよりスムーズに進める自信ができるけれど、スライドはあからさますぎないほうがいい。たとえば、トークの各要素と同じテーマでつながった画像を見せるのはいい。言葉につまったら次のスライドに進めばもとの軌道に戻れる。とはいえ、これがベストじゃない。スライドがうまく次につながると、トークのインパクトは増す。次のスライドを出す前に、その内容に少し触れるといい。たとえば、「それが、都市の未来に私たちを連れていってくれるのです（クリック）」とするほうが、「（クリック）それでは次に都市の未来についてお話しします」よりも、はるかにインパクトがある。

パンチのある言葉をカードに手書きしておくという昔ながらのやり方は、軌道からそれないためのいい方法だ。次の一歩に進むためのカギになる文章やフレーズが自然に出るような言葉を使おう。

話し手が少し間を取って体勢を立て直しても、聞き手はまったく気にしない。話し手は居心地がよくないかもしれない。でも聞き手はそうじゃない。大切なのは、それをあまり重く考えないことだ。TED2014に登壇したDJ界のスーパースター、マーク・ロンソンは、これを軽々とやってのけた。あるところで言葉につまったロンソンは、にっこり笑って水のボトルを取りに行き、一口飲んでから観客に忘れちゃいましたと言い、メモを見直し、また水を一口飲み、彼がトークに戻った時には、みんなが彼をますます好きになっていた。

ところで、TEDの登壇者の中では、原稿を暗記するほうがいいという人もいれば、準備したトークをその瞬間の言葉で語るほうがいいという人もいて、意見は分かれている。

作家のエリザベス・ギルバートは暗記派だ。

私はいつもトークを暗記します。というか、少なくともできる限り完璧に近いところまで暗記します。暗記したほうが居心地がいいし、安心できるんです。アドリブだと頭がこんがらがって怖くなります。人前で話すのが好きな人でも、パブリックスピーキングは恐怖ですし、頭が真っ白になってしまうことだってあります。ですがスピーチを詩か歌のように暗記しようと努力していれば、頭が真っ白になりそうなときでもステージに立てるし口から言葉が出てくるものです。たとえ記憶をたどって暗唱しているように聞こえたとしても、まったくなにも言えないよりはましですし、なんの準備もないように見えたり、なにを話しているのかまったくわからなくなってしまうよりいいんです。

はじめてTEDで話したとき、ものすごい緊張と興奮で、最初の5分間はまったく頭が動いていませんでした。でもありがたいことに脳に刻まれていた記憶と口は動いてくれて、リハーサルとまったく同じ言葉が口から出てきてくれました。数分がすぎて、トークに馴れてくるにつれてだんだん落ち着いて気持ちも乗ってきて、中盤にさしかかったときにはトークを楽しんで少しアドリブを挟む余裕も出てきました。でも、オープニングの緊張から私を守ってくれたのは、隅々までの暗記です。ですから、暗記は兵士の戦闘訓練のようなものだと思うようになりました。戦いの時がきたら、意識的な思考でなく、直感で動くために暗記が必要なんです。

歌手のアマンダ・パーマーも暗記がいいと言う。

私はアドリブの達人だけど、トークはアドリブの場じゃないし、厳しい時間制限のあるTEDのようなステージは特にアドリブに向かないわ。はじめは、多少即席で笑わせたりする間を残しておくつもりだったけど、原稿を書いて、書きなおして、練習しているうちに、事前にきっちりとつくり上げて、中身を凝縮したほうが、はるかにたくさんの意味を伝えられることに気がついたの。

パム・メイヤーは、原稿を書くのはすべての文章にきちんと意味を持たせるためだと言う。

自分のトークの中で、すごく気に入っているところといまいちだと思うところがありませんか？　本当は、すべての文章を心から愛していないといけないんです。原稿とスライドを最初から最後まで通して、これは私のメッセージを伝えているの？　これは面白い？　本心から面白いと思う？　このセリフを心から愛してる？　って、すべての文章とスライドにそう問いかけてみないといけません。「たぶん」ぐらいのものはすべて、取り除いたほうがいいんです。

サルマン・カーンのやり方は少し違う。

その瞬間に出てくる言葉を信じれば、正確な文章を口にするよりはるかにインパクトは強い。僕はいつも話したいことを箇条書きに並べて、夕食の席で友達に話すみたいに自然な言葉でそのアイデアを伝えるようにしている。大切なのはアイデアに集中して言葉が出てくるのに任せることだ。話し手が考えながら話しているか、ただの丸暗記かは、聞き手にバレバレだ。

スティーブン・ジョンソンも、こう言っている。

僕はTEDトークでは毎回、わざと暗記しなかった。丸暗記だと観客にはっきりわかるし、ライブの臨場感みたいなものがなくなってしまうからだ。それに、丸暗記のトークがコケると、目も当てられない。ラフな筋書きに添って話していれば、ちょっと失敗したり些細なことを忘れたりしても、自分だけにしかわからない。でも暗唱していて急に頭が真っ白になったら、なにも言えずに固まってしまう。頭の中のテレプロンプターが止まってしまったみたいにね。

世界でも指折りの天才的な講演者のケン・ロビンソンも、アドリブ派だ。大人気の彼のTEDトークの数カ所は、その場で思いついたものだったと言う。

登壇者はステージで居心地よく、リラックスできるほうがいい。暗記がいいなら、そうしたらいい。私はだめだ。トークでは、聞き手と親しい関係を結ぶことに気をつけているし、そのためにはアドリブの余裕がいる。10人でも1万人でも、セミナーでも集会でも、一方的に話しかけるのではなく、相手と一緒に語ることが私にとっては重要で、本心からそうしないと関係は築けない。もちろん、トークの準備は念入りにする。ステージに上るときに、そこを降りる前になにを言っておきたいかは必ずわかっている。でも、今日この場にいる人たちとつながりたいとも思う。自分はこれまでに何度もスピーチをしていても、今日ここにいる人たちは必ず新しい観客だから。

一方で、ダン・ギルバートは二者択一ではないと言う。彼はまず原稿を書く（話し言葉だけを使うよう気をつけている）。

でも、実際に話すときには、書いた原稿にこだわらない。じゃあどうして原稿を書くかって？　それは筋書きを書くと穴がわかるからだ。優れたトークには原稿とアドリブの両方がある。素晴らしいジャズ演奏みたいなものだ。まず、オープニングと結びの部分はかならず完全に楽譜に起こしている。次に、最初の音が出るまでに、構成はきちんと決まっている。でも記憶に残るジャズの魅力は、曲の中盤のある場所で（または数カ所で）プレーヤーが楽譜から離れて、その瞬間のその部屋にいる特定のリスナーの雰囲気をとらえた音楽をアドリブでつくり出すことだ。プレーヤーは何度かそういう瞬間をとらえてアドリブ演奏をするけど、もとに戻るタイミングも、どこに戻ったらいいかもわかっている。アドリブだけのトークはフリージャズみたいなものだ。原稿に完全に添ったトークはクラシックのコンサートみたいなものだ。繊細で奥深くミスはないが、先が予想できるので観客は居眠りしてしまう。サプライズが起きないのがはじめからわかっているからだ。

広告業界の大御所ローリー・サザーランドもまた、両方のいいとこ取りを勧める。

チャーチルはこう言っていたらしい。「アドリブを練習しろ」ってね。少なくとも多少の自由な余地を残しておいたほうがいい。最初から最後までガチガチに決まっていたら、理屈は通っていても、聞き手は楽しい友達との散歩じゃなくて、強制的な行進に参加させられているような気分になってしまう。

結局はこういうことだ。実際には、TEDの登壇者の大半は、トークのすべてを原稿に書いて暗記するけれど、暗記に聞こえないように頑張っている。もし暗記の時間があって、ロボットのような「不気味の谷」を越えられたら、おそらくそれがいちばんいい。それなら言いたいことをすべて網羅して丸暗記につきものの落とし穴を避けることができる。だけど、トークが本当に身体の一部になるまで暗記する時間がなかったり、暗記が自分に合わないことをわかっていたりする場合には、そっちの方向に行かないほうがいい。

大切なのは、自信のあるスタイルを見つけて、とことんやり抜くことだ。

それが少しストレスになっても、大丈夫。リハーサルを始めたら、2つのスタイルの違いはだんだんとなくなってくる。出発点は違っても、どちらの場合も隅々まで準備が行き届き、情熱を込めて伝えられるようになる。

12

Preparation Process

Run-Throughs

通し練習

えっ？　リハーサルするの？

どんなスタイルで話すにしても、いいトークにするためのとてもシンプルで当たり前のツールがある。でもほとんどの講演者はこれをめったにやらない。それは、リハーサルだ。繰り返しリハーサルをすることだ。

ミュージシャンは演奏前にリハーサルをする。役者はお金を払って見にきてくれる観客のために、開演前にリハーサルをする。講演の場合、コンサートや演劇と同じかそれ以上に講演者の失うものは大きいのに、ただステージに上って話せばうまくいくと思っている人は多い。すると、だれかひとりの準備不足のせいで、何百人もの観客が不必要な苦痛に何分間も耐えなくちゃならない。とんだ迷惑だ。

現代の偉大な企業コミュニケーター、スティーブ・ジョブズは才能だけでそこに到達したわけじゃない。彼は主要なアップル製品の発表のたびに、細かいリハーサルに長時間を注ぎ込んだ。細部にとことんこだわっていた。

ＴＥＤの大ヒットトークのほとんどは、登壇者が準備に長時間を注ぎ込んだ結果、生まれたものだ。ジル・ボルト・テイラーが2008年に行った心臓発作についてのトークはネットで一大センセーションになった。彼女はこう語っていた。

大げさでなく、練習に数百時間はかけました。何度も何度も練習して、寝言でトークを繰り返していたこともありました。これは私にとってすごく感情的な話で、この話をするたびにあの発作の朝をもう一度体験している気分になりました。それが本物の感情だったから、このストーリーが本物として受け入れられて、聞き手と一緒に旅ができたんです。

幹細胞研究者のスーザン・ソロモンもまた同じくらいリハーサルの力について熱い思いを持っている。

トークを披露するまでには、数えきれないほどリハーサルを繰り返し、寝ていても、どんな観客の前でも話せるようになってないとだめです。友達の前でリハーサルしましょう。ひとりでも。目を閉じたままでも。お庭を歩きながらでも。机の前に座って、メモを見ずに。そして必ずビジュアルも一緒に練習しましょう。というのは、時間配分がとても重要だからです。

レイチェル・ボッツマンは、だれと練習するかにも気を配ったほうがいいと言う。

あなたの仕事をなにも知らない人の前で練習したほうがいいわ。私の場合、仲良しの人や私の仕事に詳しい人と一緒にリハーサルしたのは失敗だった。ストーリーに穴があるとか、聞き手に特定の知識を前提にしているところがあるってことを教えてくれる人から、フィードバックをもらったほうがいい。

内向的だと自認するスーザン・ケインは、リハーサルに付き合ってくれた人のおかげで、トークが格段に良くなったと言っていた。

私はTEDからのアドバイスを真剣に受け止めました。それは、暗記するなら徹底的に中身を知り尽くして、心の底から言葉が出てくるようにしなさい、ということです。鏡の前で練習したり、犬の散歩中につぶやいたりするだけでは足りません。本物のステージに立って、だれかの前で話すことが必要です。私のトークの前の週の金曜の夜に、ウォートンのアダム・グラント教授が30人の学生と卒業生を集めてくれて、そこでリハーサルができました。彼らのフィードバックはとても深い洞察に満ちていて、私は徹夜でトークの最後の3分の1を書き直しました。それから週末の間ずっと、新しい原稿をまた暗記しました。みなさんはもっと早くリハーサルをやったほうがいいですよ! でも、本物の観客とアダムのような賢い友人に助けてもらうことを、絶対におすすめします。

意外な意見もある。原稿の暗記に反対の講演者でさえ、リハーサルはすごく大切だと言うのだ。教育改革の旗手、サルマン・カーンはこう語る。

少なくとも5回は、自分の部屋で主なアイデアをいろいろな言い方で練習したほうがいい。しどろもどろになったり、なにかを忘れても、毎回必ず最後まで話し切ること(そして必ず時間を測ること)だ。僕にとって練習は暗記のためじゃなくて、トークに慣れて緊張をほぐすためなんだ。自信を持ってリラックスしていれば、全員が楽しめる。

科学ライターのメアリー・ローチもまたこう言っている。

私のトークは一字一句書き出して暗記したものじゃありません。でもリハーサルはしています。少なくとも25回は、10枚のメモとストップウォッチを使ってリハーサルしました。でも、繰り返しているうちに自然に思いがけず暗記してしまうんです。それが狙いだと思います。暗記すれば安心ですが、少しはリスクがあったほうがいいんです。恐れはエネルギーになるし、そのエネルギーが多少は必要です。

「思いがけない暗記」という言葉がカギになる。リハーサルが十分なら、そのトークをいちばんいい形で話すにはどうしたいいかがわかる。クレイ・シャーキーがTEDのオフィスに来て、当時問題になっていた著作権法について話してくれたとき、これほど複雑な話題を原稿もメモも見ずにすらすらと話せることに、僕は舌を巻いた。どうしたらそんな風にできるのかと聞いてみた。答えは、何度もリハーサルすることだった。でも、実際にはリハーサルがトークをつくり上げていたのだ。彼はこう言っていた。

僕は、あの名優のロン・バウターにリハーサルのコツを聞いたことがある。すると「何度もその言葉を口に出して、自分の中から出てくるようになるまで、それを繰り返すだけだ」と教えてくれた。だから、僕もそうやっている。話すことがトークの準備になる。最初に基本的なアイデアから初めて、出だしの文章をひとつか2つ考えてから、そのアイデアを気にかけてくれる人たちに話しかける自分の姿を想像する。

最初のうちは、なにがしっくりきてなにがしっくりこないかを感覚でつかむために話す。だからリハーサルというより、編集だね。例のトークのときには、はじめは産業の希少性についても盛り込んでいたけど、なんだか話がややこしくなるので、全部カットした。しばらくすると、テンポとタイミングをつかむために話すようになる。最後はつなぎの部分を何度も口に出して練習する。スライドはもちろん役に立つけれど、つなぎのリハーサルは特に大切なんだ。アイデアを深めようとしているのか、それとも別の話題に移ろうとしているのかを、聞き手に知らせないといけないからね。

僕は必ずメモは書くけど、トークを全部書き出すことはない。原稿棒読みに聞こえちゃまずいからね。僕が書き出すのは、演劇で「ユニット」って呼ばれるリストだ。たとえば、DMCA（デジタルミレニアム著作権）についてはこう、DNS（ドメインネームシステム）についてはこう、SOPA（オンライン海賊行為防止法案）についての考えはこう、みたいなメモを書く。ステージに上がる直前に、ユニットの最終リストをつくって頭をはっきりさせる。

ケイン、カーン、ローチ、シャーキーの4人のアドバイスをまとめると、暗記して話すのとその瞬間の言葉で話すのに、あまり違いがないことがわかる。内容をとことん暗記していれば、話し手はアイデアへの情熱に集中できる。その瞬間の言葉で話す場合でも、何度も練習を重ねることで道筋が完璧になり、心に響くフレーズがすでにできあがっている。

つまり、今の話はトークの届け方ではなく、つくり方の違いだ。原稿からはじめる人もいれば、箇条書きからはじめる人もいる。でもリハーサルの過程で、その2つはかなり近づいていく。どちらの場合も、目指すところは、隅々まできちんと構成され、その瞬間のつながりを大切にするようなトークなのだ。

ここで、ちょっと待てよ、という人もいるかも知れない。準備万端整ったトークはつまらない、と。どんなに何気なさを装っていても、何度もリハーサルしていればすぐにわかる。トークは新鮮で、ユニークで、ライブ感がないとダメなんだ！

でも、それができる人は、ごく少数だ。リアルタイムでアイデアを構成して、それに集中できるような、豊富な経験と非凡な才能を持つ人は限られている。でも、僕らのほとんどが本当に「新鮮」なトークをしようと思ったら、いろいろなことが犠牲になる。要点が絞れず、大切な点を飛ばし、はっきりと話せず、時間をオーバーする。ほかにもまずいことはたくさんある。だから、僕はそのやり方をおすすめしない。もしトークがいかにも練習通りに聞こえたら、それはリハーサルのしすぎじゃなくて、リハーサルが足りないからだ。「不気味の谷」を越えていないということだ。

もちろん、これは認めよう。リハーサルは大変だ。だれでも気が重くなる。自分の部屋で一通りしゃべってみるだけでもいやになる。すべてのスピーチの機会が、練習に長時間かけるほど大切だとは限らない（その場合には、箇条書きのメモを手に持って話すか、原稿からなるべく目を上げながら話すのがいいだろう）。だけど、大切なトークなら、絶対に、絶対に、自分のためにも聞き手のためにもリハーサルの大変さを乗り切って練習するべきだ。練習を重ねるうちに、ストレスはしだいに自信になり、それが興奮へと変わっていくだろう。作家のトレイシー・シェバリエはリハーサルへの抵抗を克服して、それがどんな風にトークを形づくるかに気づいたと言う。

TEDのオーガナイザーはすごくリハーサルを重視します。練習しろとうるさくつつかれて、私はいやでした。これまでに何度も人前で話してきましたし、そんなに練習しろとうるさく言われたことはなかったんです。でも結局リハーサルをやってみて、とてもよかったと思います。ほとんどのスピーチはそれほど時間にうるさくないので、それまではいつも会話調でだらだらと話していました。でも練習してみると、すごく無駄が多いことに気づいたんです。練習して、時間を測って、どうでもいい部分をみんな切りました。それに、声に出しているうちに、ぴったりのフレーズも思い浮かびました。そのフレーズを暗記して、ここぞというときの決め台詞として使いました。トークを全部暗記したわけじゃありません。俳優でもない限り棒読みになってしまいそうだったからです。でも、構造と決めのフレーズは暗記しておいたので、無駄のない、いいトークになりました。

世界一忙しいビル・ゲイツでさえ、TEDトークの準備とリハーサルにはものすごい労力をつぎ込んでいる。ゲイツもその昔は話し下手だった。でも、真剣に練習に取り組むことで苦手意識を克服し、公衆衛生やエネルギーや教育について心に残るトークを生み出すようになった。

ビル・ゲイツやスーザン・ケインやトレイシー・シェバリエやサルマン・カーンが、貴重な時間を使ってトークのリハーサルをしているなら、おそらくあなたにとってもその価値はあるはずだ。

リハーサルを聞いてくれた人たちにこんな質問をしてみよう。

- 出だしから引き込まれた？
- 目を合わせていた？
- 新しいアイデアを積み上げられた？
- 旅の一歩一歩は楽しかった？
- 事例は十分で、頭をすっきりさせるのに役立った？
- 声のトーンはどうだった？　話しかけている感じに聞こえた（いい感じ）、それとも説教しているように聞こえた（悪い感じ）？
- しゃべりのトーンと速さに変化があった？
- 丸暗記のように聞こえた？
- ユーモアは自然だった？　ぎこちなかった？　もっと笑いがあったほうがよかった？
- ビジュアルはどうだった？　役に立った、それとも邪魔になった？

・気に障る点はなかった？　舌打ちしていなかった？　つばを何度も飲み込んでいなかった？
・左右に揺れていなかった？　「ええっと」とか「だから」（最悪）とか同じ言葉を繰り返してなかった？
・ジェスチャーは自然だった？
・時間通りに終わった？
・どのあたりで退屈した？　カットできる部分はない？

リハーサルをスマホでだれかに撮影してもらい、自分が話している姿を見るといい。これまでまったく気づかなかった恥ずかしいくせが目につくだろう。

最後に制限時間についてだ。制限時間はきっちりと守ってほしい。登壇者が何人もいるときは特にそうだ。あなたが時間をオーバーすると、そのあとの登壇者の時間を奪うことになる。他の登壇者や主催者を怒らせなければいいというわけじゃない。最高のトークを届けるためにも、時間を守ったほうがいい。集中が難しい今の時代には、短くてインパクトのある話が受ける。観客は無駄話を聞いている暇はない。これは今に始まったことじゃない。昔から、影響力のあるトークの多くは、短くて端的だった。リンカーン大統領のゲティスバーグ演説は2分余りだ。リンカーンの前の演説者は2時間もだらだら話していた。その話はだれの記憶にも残っていない。

講演の日に時間の心配だけはしたくないものだ。だからリハーサルでしっかり収まるようにしてほしい。時間内に確実に終われるように、内容を切ったほうがいい。そうすれば、観客が笑っても、ちょっとしたミスがあっても余裕ができる。当日に時間を心配する必要がなければ、100パーセント話に集中できる。あなたが心から気にかけているアイデアを情熱的に説明できる。

実演詩人のリーブスは、こんないいアドバイスをくれた。

持ち時間の9割で終わるようにしておくといい。制限時間よりも1割短いトークを書いてリハーサルするんだ。制限時間が1時間なら54分。10分なら9分。18分なら16分12秒。それでステージに上ったら時計は見なくていい。余裕をもって間をあけたり、ちょっと脱線したり、観客の反応を待ったりできる。それに、原稿が引き締まるので、時間ぎりぎりの登壇者の中で目立つこともできる。

まとめてみよう。

- **ここぞというときのトークでは、何度も繰り返しリハーサルすることがなにより大切で、できればあなたが信頼している人の前でリハーサルしてほしい**

・余裕をもって時間内に収まるまで練習を重ね、リハーサルに付き合ってくれた人たちに正直なフィードバックを断固として求めよう
・トークの構造を身体に染みつかせよう

13

Preparation Process

Open and Close

つかみと締め

どんな印象を残したい？

トークを暗記してもしなくても、はじめと終わりが肝心だ。出だしの1分で、話を聞きたいと思わせないといけない。そして最後になにを言うかが、いちばん記憶に残る。

その間のトークはどんな風に話してもいいけれど、つかみの1分と締めの言葉は原稿に書き出して暗記することを強くおすすめする。それが、緊張せず自信を持って話し、インパクトを残すためのコツだ。

つかみを成功させる4つの方法

聞き手はいつでもだれにでも注目してくれるわけじゃない。でも、登壇者が最初にステージに上るときには、必ず登壇者に注目が集まる。つまらない話でそれを手放さないでほしい。ここに呼ばれて光栄だとか、主催者の妻に感謝するなんていうことは、本当にどうでもいい。大切なのは、観客に1秒でもそっぽを向かれないことだ。出だしの瞬間から観客を引き込むような「つかみ」を準備してほしい。意外な言葉。好奇心を湧かせる質問。短いストーリー。ありえない画像。

もちろん、場合によってはお礼の言葉からはじめてもいい。特に連帯感の強いコミュニティのイベントで話すときはそうだ。そんな会なら、数名にお礼を言ったほうが絶対にいい。そうすることで、あなたもコミュニティの一員になれる。でも、できる限り個人に引き寄せて、ユーモアか純粋な温かみを添えてお礼の言葉にするといい。ビル・クリントンはその達人だ。主催者が天に舞い上がりそうな親しげな打ち明け話をしながら、同時に他の招待客とも心を通わせられる。とはいえ、コミュニティのイベントでも、感謝の言葉は短めにしたほうがいい。どんな場でもだらだらと名前を並べていると、観客は間違いなく退屈する。それから、本当のトークに入ったら、冒頭でパンチのあるつかみを決めてほしい。

今どきのコンテンツはすべて、注意力を奪い合うバトルの一部だ。無数の物事が、人々の時間とエネルギーを求めて競争している。目の前に観客が座っている場合でもそれは変わらない。彼らのポケットには破壊的な威力を持つスマートフォンという邪魔者がいる。それを使えば、トーク外のものすべてに目を向けられる。メールやショートメッセージが観客の目に入ると、トークは終わったも同然だ。そして現代には、疲れという悪魔も潜んでいる。それらすべてが手ごわい敵だ。自分のせいで聞き手をぼーっとさせてはならない。話し手は賢い指揮官になって、この戦いに決着をつけなくちゃいけない。強烈なつかみは、いちばん大切な武器になる。

トークがオンラインに上がるときは特にそうだ。たくさんの魅力あるトークや記事やクイズに、たった一度のクリックで移れてしまうからだ。最初の1分を無駄にしたら、面白さが伝わる前に相当数のオンライン視聴者を失ってしまう。トークの出だし次第で、それがバイラルするか悲劇の死を迎えるかが決まることもある。

観客を引き込む4つの方法をここで紹介しよう。

I　ドラマの一片を伝える

出だしの言葉は本当に大切だ。

出産時の不手際で脳性まひになったコメディアンのマスーン・ザイードは、震えながらステージに上り、こんな風に語りはじめた。「わたし、酔っぱらってなんかいません……でもわたしを取り上げたお医者さんが酔っぱらってたんです」。大ホームラン！　外見は意外でも、観客はすぐにこれが楽しい話になるとわかった。そこにいた全員の目と脳細胞が彼女にくぎづけになった。

有名シェフで活動家のジェイミー・オリバーは年に一度のＴＥＤ賞の受賞にやってきた。彼のつかみはこうだった。「残念ながら、これから18分の間に4人のアメリカ人が亡くなってしまいます。食べ物のせいでね」。もう続きを聞きたくなる。

つかみを準備するとき、スルーラインに導いてもらうといい。印象強くアイデアを押し出すにはどうしたらいいだろう？　こう自問してみよう。もしあなたのトークが映画か小説だとしたら、どんな冒頭になるだろう？　といっても最初の一文にドラマを詰め込む必要はない。観客はしばらく登壇者に注目してくれる。でも冒頭の段落の終わりまでには、なんらかのオチがほしい。

TED2014に登壇したザック・エブラヒムは、すごいストーリーを持ってきてくれた。でも、もとの原稿はこんな風にはじまっていた。

僕は1983年にペンシルベニア州のピッツバーグで生まれました。アメリカ人の母は優しく、エジプト人の父は僕に幸せな子供時代を与えようと精一杯努力してくれました。家族の様子が変わりはじめたのは、僕が7歳の頃です。父は、ほとんどのムスリムも知らないような、イスラム教の一面を僕に見せるようになったんです。でも時間をかけてお互いに知り合うと、たいがいはみんな人生に同じものを求めていることがわかります。

悪くはないけれど……わしづかみというほどじゃない。僕たちはザックとブレインストームし、こんな出だしにした。

1990年11月5日、エル・サイード・ノサイルという男がマンハッタンのホテルでユダヤ防衛同盟の指導者ラビ・メイル・カハネを殺害しました。ノサイルは殺人容疑では無罪になり、ほかの軽い罪状で服役しましたが、その間に仲間と爆破計画を立てはじめたのです。彼らはニューヨークの象徴的な建物を狙い、トンネルやユダヤ教の教堂、それから国連本部も標的にしていました。幸い、その計画はFBI捜査官の手で未遂に終わりましたが、残念ながら1993年の世界貿易センタービル爆破は止められませんでした。ノサイルはこの爆破計画に関与したとして、その後有罪判決を受けます。エル・サイード・ノサイルは私の父です。

観客はくぎづけになった。オンラインでもこのつかみが効いて、彼のトークはあっと言う間に200万回を超える再生回数を記録した。

社会学者のアリス・ゴフマンが送ってくれた初稿の出だしはこうだった。

ペンシルベニア大学の1年目に、社会学の授業で、実際に町に出て観察し活動に参加しながら調査することになりました。私は大学キャンパスのカフェテリアで、サンドイッチやサラダをつくるアルバイトに就いていました。上司は60代のアフリカ系アメリカ人女性で、大学に近い黒人街に住んでいました。翌年、上司の孫娘で高校1年だったアイシャに私は勉強を教えはじめました。

ゴフマンは自分にとって自然な形でストーリーを追っていたが、カンファレンスにやってきたときには、彼女の情熱がひしひしと伝わるような出だしに変えていた。

アメリカの子供たちが大人になる道のりで、その旅の道しるべを与えてくれる組織は2つあります。ひとつはみなさんがよく耳にする組織。大学です。大学には欠点もあります。学費は高く、若者は借金を背負うことになってしまいます。ですが、差し引きすると、いい道のりだと言えるでしょう。

私が今日みなさんにお話ししたいのは、もうひとつの組織のことです。それは刑務所です。

この見事な対比によって、刑務所に入った若者の悲劇がクローズアップされる。考えてみて、彼らも大学に行けたかもしれないのに。

もちろん、過剰な演出は逆効果だ。アッと言わせる前に観客とのつながりを少しは築いていたほうがいい。でも、適度な演出なら、出だしからガツンと行ってもいい。

2 好奇心に火をつける

寄生虫についてのトークを聞いてみないかと言われたら、みんなおそらく断るだろう。でも、科学ライターのエド・ヨングを知っていたら、話は別だ。彼のトークのつかみはこうだった。

野生動物の群れ、魚の集団、鳥の編隊。ものすごい数の動物が集団で動く光景は、自然界の一大スペクタクルです。ですが、なぜそんな集団ができるのでしょう？　大勢で身を護る、協力して獲物を捕らえる、パートナーを見つけたり繁殖したりするといった答えが普通です。もちろんそうした答えはほぼ正しいのですが、それはあることを大前提にしています。動物が自分の行動や身体をコントロールしているという前提です。その前提が間違っていることも少なくありません。

ヨングはさらに、ある種のエビが集団になるのは、寄生虫が脳を操っているからだと言う。天敵のフラミンゴに見つかりやすくなるよう、寄生虫がエビを赤く色づけ、集団をつくらせ、今度はフラミンゴにのり移るのだ。1分もしないうちに、観客の脳はフル回転をはじめる。エエエエ?!　マジでぇ？　もう次を聞きたくてしかたない。どうやって？　なんで？　そうなの？

好奇心に火をつけることが観客を引き込むためのなによりも万能なツールになる。聞き手の心にアイデアを植え付けることが目標なら、好奇心は聞き手をトークにのめり込ませる燃料になる。

神経学者によると、疑問によって知識のギャップが生まれ、人間の脳はそれを埋めようと必死になるらしい。そのギャップを埋めるために、聞き手は話し手の言葉を聞き漏らすまいとする。そうなれば成功だ。

でも、好奇心に火をつけるにはどうしたらいいだろう？　ひとつは問いかけることだ。といっても、どんな質問でもいいわけじゃない。意外な質問をしよう。

「みんなのためにより良い未来をつくるにはどうしたらいいか？」なんて広すぎる。ありきたりすぎる。退屈だ。

「14歳の女の子が、ほとんどお金をかけずに地元の町おこしにどう成功したか？」。これなら面白い。

ありきたりな質問が、ちょっと説明を加えることで好奇心の火つけ役に変わることもある。

哲学者のマイケル・サンデルはこうはじめた。

　みなさんと一緒にもう一度考えてみたい質問があります。お金と市場は社会でどんな役割を果たすべきでしょう？

興味を引かれた？　そうでもない？　でも続きがある。

今、お金で買えないものはほとんどありません。もしあなたがカリフォルニアのサンタ・バーバラ刑務所に入ることになったら、普通の部屋がイヤな場合はアップグレードできるんですよ。本当です。いくらでできると思いますか？　予想がつきますか？　５００ドル？　いえいえ、高級ホテルじゃありませんからね。牢屋ですから！　ひと晩82ドルでアップグレードしてくれます。

冒頭の質問で引き込まれなくても、予想外の刑務所の例でぐっと引き寄せられる。実際、好奇心を呼び起こすような話し手は、あからさまな質問はしない。少なくとも最初にはしない。彼らはトピックを思いがけない形で提示して、好奇心のボタンを押す。V・S・ラマチャンドランは、こうやった。

私は脳神経学者で、人間の脳の機能と構造を研究しています。ここでちょっとその意味についてみなさんに考えてほしいと思います。みなさんの手のひらに乗るくらいの１・５キロのゼリーの塊が、宇宙の広大さについて考えることができるんです。またその塊が、無限の意味を考え、無限の意味を考える脳について、考えることもできます。

引き込まれた？　僕は引き込まれた。宇宙飛行士のジャンナ・レビンもまた、僕の好奇心をかき立ててくれた。

今日はみなさんに、とても単純な事実を思い起こしていただきたいんです。この宇宙について私たちが知っていることの大半は光から来ています。地上から夜空を見上げると肉眼でもたくさんの星が見えますよね。太陽を見ると、まぶしく感じます。月は光の反射によって見えるものです。ガリレオが原始的な望遠鏡を天体に向けて以来ずっと、私たちの知る宇宙は悠久の時をかけて届いた光によって創られてきたのです。そして今、最先端の望遠鏡を使って、息を飲むほど見事な宇宙のサイレント映像を集められるようになりました。その一連のスナップ写真は、ビッグバンにさかのぼる宇宙の歴史のアルバムです。ですが、宇宙はサイレント映画ではありません。宇宙は静かじゃないんです。宇宙にはサウンドトラックがあって、ドラムのように振動する宇宙空間にはそのサウンドトラックが流れていることを、ここでご紹介したいと思います。

好奇心は、観客をあなたに引き寄せる磁石のようなものだ。それを上手に使えば、難しいトピックをヒットトークに変えられる。

「難しいトピック」と言っても、先端物理学のようなものだけじゃない。大きな社会問題や慈善事業についてのトークは、もっと難しい。ＨＩＶやマラリアや人身売買についての新しいアイデアを推奨する場合には、この手のトピックを受けつけない人もいることを自覚しておいたほうがいい。そうした人たちは話のどこかでかならず居心地が悪くなるとわかっている。だから、はじめから耳を塞ぐために、iPhoneを取り出してしまう。それに対抗するには、まず先に好奇心をくすぐることだ。

先ほど紹介したように、エミリー・オスターはAIDSについてのトークでこれをやってのけた。恐ろしい説教になるだろうという観客の予想を裏切って、アフリカのAIDSについて僕たちみんなが誤解している4つの質問からはじめたのだ。どれも正しく思えたけれど、彼女がそれを一つひとつ覆していくのだと観客にもわかった。すると、脳の別の分野が動きはじめる。好奇心が勝ったのだ。

難しいトピックの場合には、おそらく好奇心が聞き手を引き寄せるいちばん強いエンジンになる。

3 パンチのあるスライド、ビデオ、物を見せる

華やかで、パンチがあり、好奇心をくすぐる写真やビデオは最高のつかみになる。

アーティストのアレクサ・ミードは、衝撃的な作品の写真を見せて、こう話してくれた。「みなさん、目を凝らして見て下さい。この絵には目に見える以上のものが隠されています。たしかに男性のアクリル絵画ですが、キャンバスに描いたものではありません。男性の身体に直接

描いたんです」。驚いた。

エローラ・ハーディはこう切り出した。「9歳のとき、母からどんなお家が欲しい？　と聞かれたので、マッシュルームみたいなお家を描きました」。そしてかわいい子供の絵を見せる。「すると、母はそのとおりのお家を建ててくれたんです」。母親が建てた竹の家の写真を見た観客は、息を飲んだ。それは、建築家としてのエローラの見事な作品画像への導入で、観客はあっという間に彼女のトークに引き込まれた。たった2行の文章で観客が息を飲んだのだ。

素材さえよければ、作品を見せるのが最高のつかみになる。「今日は私の作品についてお話したいと思いますが、その前に私の経歴について紹介させて下さい……」というかわりに、こう始めればいい。「みなさんに見ていただきたいものがあります」

写真家、芸術家、建築家、デザイナー、その他のビジュアルな仕事なら、もちろんこのやり方はぴったりだ。だけど、概念的なトークでも、これがはまることもある。デイビッド・クリスチャンが18分で宇宙の歴史を教えてくれたとき、彼はスクランブルエッグのビデオを出だしに持ってきた。10秒経ってはじめて、ビデオが逆回しだとわかる。スクランブルエッグがきれいな卵に戻るのだ。その出だしのビデオで、クリスチャンはスルーラインを見せてくれた。つまり、時間には方向性があるということだ。そして宇宙は時間が経過するにつれ、ますます複雑性を増していくということだった。

美しい画像に観客はくぎづけになる。でも、いちばんインパクトが強いのは、意外性のあるなにかだ。カール・ジマーは華麗なエメラルドゴキブリバチの写真からはじめた。でも驚いたのは、エメラルドゴキブリバチが、ゴキブリを死に体に変えて、動けなくなったゴキブリに卵を産み付けると明かしたことだ（TEDトークのニッチな分野の中でヒットした出だしは、本当に気持ちの悪い寄生虫の話だった）。

どんな素材があるかによって、さらに好奇心をくすぐるようなつかみがいくつも考えられる。

「これから、私の人生を変えた画像を、みなさんにお見せします」

「今からビデオをかけますが、はじめに見るときにはありえないと思われるかもしれません」

「まずはスライドを見て下さい。これ、なんだかわかりますか？」

「2カ月半前まで、人類はこの物体を目にしたことはありませんでした」

あなたにぴったりのものを見つけてほしい。パンチのある、本物がいい。あなたの自信を高めてくれるような出だしを見つけよう。

4　チラ見させて全部は出さない

たまに、出だしの部分に多くを詰め込みすぎる登壇者がいる。つかみの部分でトークの落ちを全部出してしまうのだ。「起業家としての成功の秘訣はただひとつ。それはあきらめないこと」。すばらしい目標だ。でも聞き手はそこで興味を失ってしまう。トークを全部聞いたつもりになってしまうのだ。その後に豊かなニュアンスやロジックや情熱や説得が続いたとしても、観客はおそらくもう聞いていない。

逆に、こうはじまったらどうだろう？　「これからの数分間で、起業家としての成功の秘訣と、ここにいるみなさんがそれをどう育てられるかをお教えしましょう」。おそらく、少なくともあと数分は聞いてみようと思うはずだ。

最初に手の内をすべて見せずに、聞き手を旅に連れていくよう誘惑するには、どんな言葉を使ったらいいか考えてみよう。聞き手が変われば言葉も変わる。僕は子供の頃に歩かされるのがいやだった。両親はあの手この手で僕をその気にさせようとして……失敗していた。「ハイキングに行こうよ！　谷あいの景色がすごくきれいだから」。なんて言っていた。偏屈な子供だった6歳の僕は、景色なんてどうでもよかったし、行きも帰りも文句ばかり言っていた。そのうち親ももう少し頭を使って、賢く売り込むようになってきた。「あなたにとっておきのプレゼントがあるの。紙飛行機を遠くまで飛ばせるようなすごく素敵な場所に行けるわよ」。空を飛ぶものならなんでも好きだった僕は、親よりも先に飛び出して行った。でもそれは前と同じ場所だった。

トークの途中か終わりまで秘密を明かさないという手もある。出だしの言葉では、観客が居心地のいい場所から一歩踏み出して、あなたと一緒に素晴らしい発見の旅に出るための理由を与えるだけでもいい。

J・J・イブラムスはミステリーの力について語ってくれ、『ジョーズ』がヒットしたのは、スピルバーグ監督が映画の前半でサメを出さなかったからだと言っていた。観客はもちろんサメがやってくることを知っている。でもその姿が見えないことで、余計にハラハラする。

トークを準備するとき、あなたの内なるスピルバークを呼び出してほしい。エディス・ウィダーは、サメじゃない海の生き物の手を借りて、これをやった。巨大イカの発見についてのトークではもちろん、強烈なつかみが必要だった。ではそれは、ものすごい巨大イカの映像だっただろうか？　全然違う。冒頭のスライドはノルウェーの伝説に出てくる、イカに似た海坊主のクラーケンだった。それを見ると、これから話すことが神話に深く根付いたストーリーだとわかる。とうとう巨大イカが画面に現れた瞬間は、それまで隠されていた効果で何百倍もドラマチックに感じられた。

このテクニックは、衝撃的な生き物だけでなく、衝撃的なテクノロジーにも使える。2015年にTEDに登壇したスタンフォード大学のフェイフェイ・リは、コンピュータが機械学習によって写真を識別する様子を見せてくれた。でも、出だしは実演じゃなかった。最初に見せたのは3歳児が写真を見て中身を説明しているビデオだ。『ネコがベッドに座ってる』『男の子が象に乗ってる』。そして、そのスキルがどれほどすごいものか、コンピュータに同じような能力を持たせたらどんなことができるかを教えてくれた。冒頭のビデオは、彼女の仕事を紹介するための完璧な導入だった。だから、その後の人工知能の実演に、僕たちは一層衝撃を受け、心をわしづかみにされた。

もし出だしで内容をチラ見させるなら、これからどこに行くのか、それはなぜかを匂わせてほしい。サメを見せずに、それがいずれやってくることを伝えるほうがいい。トークには地図がいる。それは、自分たちが今どこにいるのか、これからどこへ行くのか、これまでどこにいたのかを教えてくれる。聞き手が、トークの中のどこにいるのかがわからないと迷子になってしまう。

出だしの準備には、ここまでに紹介してきたすべてのことが参考になる。以前に挙げたテクニックも使える。ストーリーを語ってもいいし、笑いを誘ってもいい。大切なのはあなたとそのトークの内容に合うものを見つけることだ。友達に試してみよう。もしわざとらしいとか、演出過剰だと思われたら、変えたほうがいい。目標は、あなたのトークに聞く価値があると一瞬で説得することだ。

僕が雑誌をつくっていたとき、表紙は2段階の注意力の奪い合いだと編集者やデザイナーに強く言っていた。最初の段階は、売店を通り過ぎる人たちが表紙を見て一瞬足を止めるかどうか。次の段階は5秒の争いになる。足を止めた人が、見出しに目をとめて雑誌を手にとってくれるかだ。

トークのつかみも同じ。ただし、タイミングは違う。最初は10秒の戦いだ。ステージに現れた瞬間に、トピックへの布石を敷きながら観客の注意を引きつける。次は1分の戦いだ。引きつけた注意を使って、観客を説得して確実に旅に連れ出す。

どちらの戦いにも勝って、トークを成功に導く助けになるのが、さっき紹介した4つのテクニックだ。つかみの部分で2つかそれ以上のテクニックを組み合わせてもいいけれど、全部を使うのはやめたほうがいい。あなたに合うテクニックを使ってほしい。そうすれば、観客をくぎづけにして、一緒に旅を楽しめるはずだ。

力強く締めくくるための7つのワザ

もし終わりまで観客の注意を引きつけられたら、単調な締めでそれを台無しにしないでほしい。ダニエル・カーネマンが『ファスト&スロー』（早川書房）やTEDトークで強調しているように、ある出来事の記憶はその人がどんな体験をしたかによって違うし、特に最後の体験が記憶を左右する。要するに、締めが強烈でなければ、トークそのものが記憶に残らないということだ。

ではダメな例を挙げてみよう。

- 「時間になりましたので、ここでおしまいにしましょう」（まだ言いたいことがたくさんあったのに、準備不足で最後まで言えなかったという意味？）
- 「最後に、この写真に写っている私の素晴らしい仲間たちにお礼を言いたいと思います。デイビッド、ジョナ、ギャビン、サマンサ、リー、アブドゥル、そしてヘゼキア。それから我が大学とスポンサーにも感謝します」(気持ちはわかるが、アイデアよりも仲間のほうが大切なのか？　それに、僕たち観客よりも仲間に気を遣うのか?!)

・「この大切な問題について、今後みんなで新しい会話をはじめられればと思います」(会話ってなんだ!?　他人ごとみたいじゃないか？　会話したらどうなるっていうんだ？)

・「未来は挑戦とチャンスに満ちています。ここにいる全員に世界を変える力があります。一緒に夢を目指しましょう。世界をいい方向に変えて行こうではありませんか？」(言葉はきれいだけど、中身がゼロ)

・「私のポイントをまとめたビデオで終わりたいと思います」(やめてくれ！　ビデオで終わるな！　自分の言葉で締めてくれ！)

・「これで私の話は終わりです。質問はありませんか？」(それじゃ拍手できないだろ！)

・「時間の都合で、大切な問題をいくつか議論できなくて申し訳ありません。でも、少なくともこのトピックのさわりはお伝えできたと思います」(謝るな！　もっときちんと準備しろ！　時間内に最高のトークをするのが君の仕事だ)

・「最後になりますが、私の組織に十分な資金が集まれば、おそらくこの問題を解決できるでしょう。みなさんのお力で私たちと一緒に世界を変えて下さい」(なるほど、この話はみんな資金集めのためだったのか？)

・「熱心に聞いて下さってありがとうございました。ここに立ってみなさんにお話できる時間を、本当に楽しむことができました。一生忘れません。今日の話を持ち帰ってなにか素晴らしいことに役立てて下さい」（「ありがとうございました」だけでいい）

知りきれトンボのトークが多すぎる。逆に、だらだらと話しを続けてステージを降りられない登壇者はもっと多い。締めをきちんと準備しておかないと、次々と言葉を足すことになってしまう。最後に、大切なポイントは、さっき言ったように……だから、結論は……もう一度強調しておくと、……あと、頭に留めておいてほしいのは……ああ、それから最後にひとこと……。聞いてるほうがぐったりだ。しかもトークにインパクトがなくなってしまう。

そんなことにならないよう、7つの方法を紹介しよう。

大きな可能性を示す

ここまでのトークで、ある特定の分野の仕事について説明してきたとしよう。最後に、その仕事がもたらす大きな可能性や全体像を示してみてはどうだろう？

デイビッド・イーグルマンは、人間の脳はパターン認識マシンで、新しい電子データを脳につなげると、脳はそれをまったく新しい知覚組織からのデータとして感じ、同時に世界を新しい感覚でとらえることを見せてくれた。そして最後に、これがもたらす無限の可能性に触れて締めくくった。

たとえば、宇宙飛行士が宇宙ステーション全体の状態を感覚としてとらえられたらどうでしょう？　同じように、自分の身体についての目に見えない健康状態も感じ取れるようになったとしたら？　たとえば血糖値や微生物の状態を感じたり、３６０度の視野を持てたり、赤外線や紫外線を見られたらどうでしょう？　つまり、ここがカギになります。未来に進むにつれて、私たちは知覚の装置を自分で選べるようになるということです。母なる自然から与えられる知覚という贈り物を待たなくてもいいんです。自然はすでに私たちに自らの軌道を決めるツールを与えてくれています。だから、どうやって外に飛び出して自分の世界を経験するかが、今問われているのです。

行動を呼びかける

すごいアイデアを聞き手に伝えたら、最後にそれを行動に移すよう呼びかけてみてはどうだろう？

ハーバード・ビジネススクールのエイミー・カディ教授は、ボディランゲージの力についてのトークの締めくくりに、実生活でそれを試すことを勧め、他の人にもそれを広めてほしいと呼びかけた。

みんなに教えて。広めて下さい。だって、リソースも技術もステータスも権力もない人にこそ、この力が必要なんです。ひとりでもできます。身体とひとりになれる2分間だけあればいいんです。そうすれば、人生がすごく変わるはずです。

このトークがあっという間に拡散したのは、最後に堂々と呼びかけたからだ。

ソーシャルメディア上での袋叩きについて話した作家のジョン・ロンソンは、最後に短くこう言った。

ソーシャルメディアのいいところは、声なき人たちに声を与えることです。でも僕たちはいま監視社会をつくり上げていて、その中で生き延びるには、ただ口を閉じているしかありません。そんなことはやめましょう。

個人的に約束する

観客に行動を呼びかける登壇者もいるけれど、自分自身がものすごく大きな約束をする人もいる。なかでもいちばんドラマチックだったのはビル・ストーンだ。人間が再び月に戻る可能性について話したストーンは、月旅行が巨大産業をつくり出し、新世代に宇宙探検のチャンスを開くと言った。そしてこう締めくくった。

このスピーチの終わりに、私は今このＴＥＤで宣言したいと思います。私がその探検の先頭に立つことを。

そんな個人的な約束は、ものすごく心を動かす。イーロン・マスクが「僕は絶対にあきらめない。絶対に」と言ったことを覚えているだろうか？　これがスペースＸの立て直しのカギになった。

２０１１年、水泳選手のダイアナ・ナヤドはＴＥＤに来て、これまでだれも成し遂げてないことに挑戦した話をしてくれた。キューバからフロリダまで泳いで渡ることだ。彼女は危険な潮流や死に至るくらげにもめげず、50時間ぶっつづけの泳ぎに3度挑戦したが、結局失敗していた。トークの終わりに彼女はこう締めくくって、観客をしびれさせた。

海はまだそこにあります。希望もまだ生きています。何年も何年も挑戦しては失敗し、挑戦しては失敗し……それを繰り返すなんてバカげてますよね。私はキューバからフロリダまで泳げるし、かならずやり遂げます。

そして2年後に彼女はふたたびＴＥＤのステージに立ち、64歳でとうとう成功した話をしてくれた。

ほかのこともそうだが、大きな約束をするなら、よく考えて判断すべきだ。まずい約束だとその場が白けるし、あとで信頼を失いかねない。でも情熱を持ってアイデアを行動に移すなら、人前で約束する価値はある。

価値とビジョンを伝える

トークで話したことを、ワクワクするような目標や希望の持てるビジョンに変えてみてはどうだろう？　これをやる登壇者は多い。亡くなったリタ・ピアソンは、教師がどんな風に子供たちと本物の関係を築いているかについて話し、こう締めくくった。

教えと学びは喜びをもたらすものでなければなりません。子供たちがリスクを恐れず、考えることを恐れず、それを応援してくれる人がいたら、この世界はどんなに力強いものになるでしょう。すべての子供にチアリーダーがいていいんです。子供を絶対に見捨てず、つながりの大切さを理解し、子供たちが最高の存在になれると信じて疑わないチアリーダーがね。それは難しい仕事かって？　もちろんよ。そりゃそうです。でも、不可能ではありません。私たちにはできます。だって教師ですから。生まれつき人助けが好きなんです。

ありがとう。

このトークの数カ月後にリタは他界したが、彼女の呼びかけは人々の心を打ち続けている。教師のキティ・ボイトノットは、感動的な追悼文を書いた。「私は彼女のことを知りませんし、今日まで彼女の話も知りませんでした。ですが今日、彼女はトークを通して私の人生に触れ、30年にわたって私が教師を続けてきた理由を思い出させてくれました」

パッケージし直す

そこまでに話したことをきれいに枠に入れ直す登壇者もいる。エステル・ペレルは、不倫をより正直に新しい目で見つめ直し、許すことも考えようと話した。彼女はこんな風にトークを締めくくった。

不倫には両面があると思います。ひとつは苦痛と裏切り。もうひとつは成長と自己発見。不倫が相手に与えた影響と自分にとっての意味です。不倫がばれて私のところにやってくるカップルには、よくこんな話をします。欧米ではほとんどの人が何度か恋愛経験や結婚をしますし、同じ人とくっついたり離れたりしている人もいます。最初の結婚は終わったと思って下さい。二度目の結婚を一緒に築き上げてはどうですか?

音楽業界にビジネスモデルの再考を呼びかけたアマンダ・パーマーは、こう締めくくった。

みんなの問いが間違ってるんです。「どうやって音楽にお金を出させるか?」っていう問いが。でも、こう考えてみたらどうでしょう? 「人々が音楽にお金を払う気持ちになるにはどうしたらいいだろう?」って。

どちらのトークでも、意外な問いかけが深い洞察と締めの言葉につながって楽しく終わり、スタンディングオベーションが長く続いた。

最初のストーリーに戻る

スルーラインに添って念入りに構成されたトークなら、出だしに戻ることで満足な終わり方ができる。スティーブン・ジョンソンは、アイデアの由来についてのトークを、工業時代のイギリスの喫茶店が果たした大切な役割を明かすことからはじめた。喫茶店は、知識人が集い議論を戦わせる場所だった。トークの終わり近くでは、GPSの発明秘話を紹介し、アイデアの由来についての彼のポイントに結び付けた。それから、見事に、観客の全員がそのGPSを使ってその週にしたこと……たとえば近所のコーヒー店を探したに違いないという事実に触れた。

観客はなるほどと納得し、満足して拍手をした。ストーリーが一回りして出だしに戻ってきたからだ。

詩的なインスピレーションを与える

トークが人の心を開くとしたら、その心の奥深くに触れるような詩的な言葉で終えてもいい。だけど、軽い気持ちでやってみるべきじゃない。それでも、これがうまくいくと、美しい印象を残す。ブレネ・ブラウンは、弱さについてのトークをこう締めくくった。

私が発見したのは、この答えです。自分自身を、その奥深くを、その弱さをさらけ出すこと。全身全霊で愛すること。たとえなんの保証もなくても……恐怖の中にあって感謝と喜びを感じましょう。強く相手を愛せるか？　心から信じていいのか？　激しくなれるか？　と自分に問いかけているときに、立ち止まってこう言いましょう。「私はすごくうれしい。だって自分のもろさを感じることは、生きてるってことだから」。そして最後に、いちばん大切なのは、私たちはありのままでいいんだと信じることです。自分は自分のままでいいと思えれば、叫ぶのをやめて聞けるようになれるし、周囲の人にも自分にも優しく親切になれるはずです。それしかないんです。どうもありがとう。

アメリカの司法制度の不正義について語った人権弁護士のブライアン・スティーブンソンは、こう締めくくった。

私がTEDに来たのは、みなさんの多くが「モラルの弧は長いが、それは正義につながっている」ことをわかっていると思うからです。そして、人権と基本的な尊厳を大切にしなければ、人類の完全な進化はないことを。また自分の生き残りはみんなの生き残りにつながっていることを。テクノロジーとデザインとエンタテインメントと創造性の理想が、人間性や共感や正義の理想と一対でなければならないことを。なにより、その考えを共有する人たちのために、こう伝えにきたのです。理想を見据えて、あきらめるな、と。

もう一度言う。軽い気持ちでこれをやらないでほしい。それまでのトークですでに土台ができていて、話し手にそうした言葉を口にする資格があるときだけ、このやり方はうまくいく。時と人がピタリとはまれば、こうした締めの言葉は永遠に心に残るものになる。

どの方法で締めくくってもいいが、きっちりと計画してほしい。美しい締めの段落のあとに、「ありがとう」と一言添えれば、あなたの努力はきっと報われる。インパクトのある締めくくりを見つけてほしい。

本番

On Stage

14 On Stage Wardrobe 服装

なにを着ればいい？

いい印象を残すにはなにを着ればいいのだろうかと心配する登壇者は多い。僕のアドバイスは、おそらくあてにしないほうがいい。なにしろ1年中黒いTシャツと黒ズボンに真黄色のニットのチョッキを着てカッコいいつもりでいたんだから。観客は「なんであんなハチみたいな格好してるんだろう？」って頭をひねってたはずだ。

だからここは、TEDのコンテンツディレクター、ケリー・ストーツエルに任せよう。ケリーはおしゃれだし、登壇者をリラックスさせられるすごい才能の持ち主だ。彼女のアドバイスはこうだ。

（ケリー・ストーツエル）

トークの直前に服装の心配なんかしなくていいように、なるべく早めに選んでおいたら楽よ。どんな場所で話すにしろ、あなたが居心地よく感じるものがいちばんだと思う。TEDではほどほどにカジュアルな服装をおすすめしていて、そのほうがみんなで一緒にリラックスできるからなの。でも、別の場所ならスーツが当たり前かもしれない。いやな第一印象は避けるに越したことはないわ。たとえば、堅苦しい、だらしない、味気ない、退屈、やり過ぎ。そんな感じのものでなければ、あなたの好きなものを着るほうが、リラックスできるし自信も持てる。見ているほうもそう感じるでしょう。意外に観客は、トーク以前に服装を見て登壇者に親しみを覚えることもあるの。

着る物については、主催者に確認しておいたほうがいいことがいくつかあるわ。たとえば、ドレスコードはあるか？　観客はどんな服装で来るか？　なるべくその場から浮かないほうがいいし、観客よりも少しきちんとしておいたほうがいいときもある。

撮影は入る？　もし撮影されるなら、真っ白（光が反射する）と真っ黒（顔だけが浮かんで見える）は避けて、小さな柄物（目がチカチカする）もやめたほうがいいわね。

耳の横にマイクを付ける？　その場合は注意して。以前に何度か登壇者が話しはじめたとたんに、変なカチカチという雑音が聞こえてきたの。イヤリングがマイクのコードにあたる音だった。ぶら下がるイヤリングは付けないで。あと、男性の無精ひげが擦れて雑音になることもあるから気を付けて。

アクセサリーを選ぶときに、じゃらじゃらしたブレスレットや光が反射しそうな物はやめたほうがいいわ。プレーンな洋服に色を添えたいときにはスカーフがおすすめ。

おそらくバッテリーパックを腰につけることになるから、硬めのベルトか、ウェストが分かれていてパックがつけられる服だと安心ね。

ステージはどんな設定？　背景から際立つようなものを着たほうがいいわ。後ろのほうに座ってる観客にも見えるように気をつけて。ＴＥＤウーマンに登壇したリンダ・クリアット - ワイマンは背景に混ざらないような鮮やかなピンクのワンピースで登場して、その瞬間から最後の拍手まで全員の目をくぎづけにしていたわ。

観客は大胆で明るい色を好むし、そのほうがカメラ映りもいいの。

大きめでぶかっとしたものより、ジャストサイズのほうが見栄えがいいわ。シルエットのきれいなもので、身体にきちんと合うサイズのものを探して。ゆる過ぎず、きつ過ぎない服を選んで。


こうしたことを参考にするのはいいけれど、あなたらしいスタイルがやっぱりいちばんだと思う。ＴＥＤ２０１５の何週間か前に、登壇者にいくつか最終的な確認事項を送ったの。その中のひとつが、男性はなるべくノーネクタイでお願いしますってことだった。ラジオパーソナリティのローマン・マーズが「どうしてネクタイ禁止なんだい？　かっこいいのに」って聞いてきたの。だから、もしネクタイが好きならもちろんどうぞって答えたわ。ローマンはネクタイ姿で登壇して、彼自身もすごく気分よく話せたし、見た目もかっこよくて、まったく浮いていなかった。装丁デザイナーのチップ・キッドもＴＥＤのノーネクタイルールを破って、スタイリッシュな服装で登壇して大成功だった。

それでもなにを着たらいいかわからないときは、趣味のいい友達と買い物にいくといいわね。鏡で自分を見るのとは違う見方をしてくれるから。私も友達に見てもらうし、そうしなかったときには後悔したわ。他人のアドバイスはすごく役に立つものよ。

ステージに立つ前に、きちんと服のしわをとっておいてね。しわしわの洋服は、一生懸命さがないって思われる。もし登壇が1日の終わりなら、洋服はハンガーにかけて持ってきて、出番が近づいてから着替えたほうがいい。私が大失敗から学んだのはこれ。ホテルのアイロンを使うつもりなら、まずタオルで試してから、前夜にアイロンをかけること。ホテルのアイロンがいい状態とは限らないし、水が漏れることもあれば、汚いこともある（TEDフェローズチームは小型の携帯用スチームアイロンをいつも持ってきて、アイロンがけを助けてくれるわ！）。

リハーサルは本番と同じ服装ですること。以前に、ある女性登壇者のブラの紐が両方外れてトークの間中その紐が腕の下にぶら下がっていたの。私たちの天才的な編集技術のおかげでビデオではそれが見えないけど、きちんとドレスリハーサルをやって安全ピンで留めておけば、そんなことにはならなかったはずよ。

もう一度繰り返すと、いちばん大切なのは、あなたが自信を持てるものを着ることよ。それは事前に準備できる。事前に準備しておけば心配ごとがひとつ減るし、トークの助けになるものがひとつ増えるわ。

それでは、クリスにお返しします。

（クリス・アンダーソン）

ケリーありがとう！　みんな、メモした？

いろいろなアドバイスがあったけど、あまり考えすぎないでほしい。情熱とアイデアのほうが見かけよりはるかに大切だから。

バリー・シュワルツ教授が選択の矛盾について話すためにオックスフォードでＴＥＤのステージに立った日は猛暑日で、教授はＴシャツと短パン姿だった。ビデオ撮影が入ってオンラインに上がると知らされていたら、なにか違う服で来たのにと彼は言っていた。でも、そのトークは７００万回も再生されている。

アマンダ・パーマーは、グレーのシャツが脇汗のせいで黒くなってしまって恥ずかしかったと言っていた。でも、聞き手はルールにとらわれない彼女らしいと思ったし、彼女のトークは会場でもオンラインでも大ヒットになった。

まとめると、こういうことだ。

― ケリーのアドバイスに従おう

2　早めに自分が居心地よく感じられる服を選ぼう

3　アイデアに集中して、服のことは忘れよう

15

On Stage

Mental Prep

メンタルの準備

あがらないようにするには？

恐怖は人間の攻撃闘争本能を呼びさます。背筋が自然に丸くなり、襲いかかるか、逃げるかの準備をはじめてしまう。そして、アドレナリンが大量に放出されて、血流をかけめぐる。アドレナリンは、サバンナを横切って安全な場所まで突っ走る力になるし、ステージに立ったときには間違いなくエネルギーと興奮をもたらしてくれる。でもそれがありすぎると面倒なことになる。口がからからに乾き、喉が締め付けられる。筋肉を使っていないと、アドレナリンの放出で筋肉が収縮して、緊張がひどい場合には震えとなって表れる。

薬でそれを抑えるようアドバイスするコーチもいる。だいたいベータブロッカーだが、薬のせいで死んだような声になることもある。逆に、大量のアドレナリンを味方につける方法も数多くある。

ここでモニカ・ルインスキーの話に戻ろう。ＴＥＤトークが近づいてきたときに彼女を襲った強烈な緊張感については、1章で紹介した。彼女が緊張を乗り越えられるのなら、あなたにもできるはずだ。彼女の言葉で語ってもらおう。

瞑想の一種なんですが、心が乱れたり、不安でどうしようもないときには、呼吸かマントラに集中するんです。私はそうやって不安を抑えました。スピーチの目的をできる限り自分に言い聞かせました。私のマントラのひとつは、「大切なのはこれ」でした（原稿の表紙にそうなぐり書きして、ステージに持って行きました）。私にぴったりのもうひとつのマントラは「絶対にできる」でした。

ステージに立って観客に話しかけるチャンスをもらったということは、私の中に共有できるような大切ななにかがあることを、だれかがどこかで認めてくれたということです。私のスピーチがどうしたら苦しんでいる人を助けられるかを、時間をかけて考えました。このスピーチの意味と目的を考えることは、私にとって命の拠りどころでした。

わたしにはツールがありました。頼れる人にはすべて頼って、トークの当日とそれまでの準備をこれでもかというほどやりました。これまでの17年間、不安や過去のトラウマを抑えることに長い時間をかけてきました。トークの朝には、波動を聞いたり、呼吸のエクササイズをしたり、「気」を整えたり（いわゆる「タッピング」ですが、私はステージに上る直前にやりました）、なにかを唱えたり、スピーチコーチと準備運動をしたり、散歩に出てアドレナリンを散らしたり、自分のスピーチ姿を思い浮かべて少なくとも一度は笑うように確かめたり、最後に「力のポーズ」をしました（ありがたいことに、「フリをしていると本物になる」と話してくれた、あのエイミー・カディが一緒でした）。

最後まで話し切るなんて無理、と何度も思いました。カンファレンスの3週間前、スピーチ内容のリハーサル前夜に、トークが上手くまとまらず自分に腹が立って、泣き崩れてしまいました。リハーサルが終わったらさっさと退散しようと思っていた私は、前向きな反応に驚きました。褒められたあとに、「だけどこの部分は……」とか「でもやはり……」という言葉がくるんだろうと思っていました。でもなにもありませんでした。

思いがけない高評価がしばらく信じられませんでしたが、最後にこう腹をくくりました。TEDトークのことをだれよりもよく知っている人たちが私のスピーチを褒めてくれるなら、このままで行こう。私はこのスピーチにすべてを賭けていたんです。

準備の間ずっと、自信を失ったときには、自分ではなくメッセージに集中しました。緊張したり不安になったりしたら、ベストを尽くすしかないと自分に言い聞かせました。私のメッセージがひとりだけにでも届いて、その人が恥やネットの屈辱から少しでも救われれば、話す価値はある、と自分を奮い立たせました。

そしてさまざまな意味で、この経験が私の人生を変えたのです。

ここには、ありとあらゆる緊張を抑えるツールが並んでいる。モニカが使ったテクニックをすべて試してみたほうがいいのだろうか？　そうじゃない。みんなそれぞれに違っている。でも彼女が、深刻な恐れを、落ち着きと自信とステージでの存在感に変えたことは、ほかの人の励みになるはずだ。

ここからは僕のアドバイスだ。

恐れをモチベーションとして利用する

恐れはいいモチベーションになる。失敗したくないという気持ちが、何度も練習に打ち込ませてくれる。そうしているうちに自信がつき、恐れは消え、トークは前よりもずっとよくなる。

身体を動かす

ステージに上る前に、いろいろなやり方でアドレナリンの大量放出を抑えられる。いちばん大切なのは呼吸だ。瞑想スタイルで深呼吸をしよう。酸素を取り込むと心が静まる。客席に座って出番を待っているときにも、これならできる。胸に深く息を吸い込み、ゆっくりと時間をかけて吐き出す。これを3回以上繰り返す。ステージの袖で緊張が身体を貫くのを感じたら、身体を大きく動かしてみるといい。

TED2014で、国家安全保障局のリチャード・レジェット副長官にエドワード・スノーデンの件をインタビューすることになった僕は、ものすごく不安になっていた。公開インタビューの10分前に僕は舞台裏の通路に出て、腕立て伏せをはじめた。すると、止まらなくなった。

自分の限界よりも3割は多くやってしまった。それはアドレナリンのせいだったけれど、身体を動かして発散させたおかげで、自信と落ち着きを取り戻せた。

水を飲む

最悪なのは、アドレナリンが口の中の水分をすべて吸い取って、話ができなくなることだ。さっきみたいにアドレナリンを発散させるのがいちばんいいけれど、水分を十分にとっておくことも必要だ。出番の5分前にペットボトルの3分の1ほど水を飲んでおこう。口の渇きを抑えてくれる（でも、あまり前に飲みすぎないほうがいい。サルマン・カーンはぎりぎりにトイレに駆け込むことになってしまった。帰ってきたときにちょうど紹介がはじまった）。

お腹になにか入れておく

緊張しているときはなにも食べたくないものだけど、空腹は不安を増幅させる。登壇の1時間くらい前に、身体にいい食べ物を口にするか、手軽なプロテインバーを食べておこう。

弱さの力を思い出す

観客は緊張している登壇者を応援したくなるものだし、登壇者が緊張を認めて表に出せるときは特にそうだ。出だしの言葉で間違ったりつっかえたりしても、「ごめんなさい、ちょっと緊張してるんです」と言っていい。「ご覧のとおり、人前で話すのにあまり慣れてないんです。でもこのチャンスは逃したくないと思ってやってきました」と言えば、観客はもっとあなたを応援したくなるだろう。

シドニーオペラハウスを満員にしたTEDxの観客の前で、シンガーソングライターのミーガン・ワシントンはこれまでずっと吃音と闘ってきたことを告白した。その正直さと出だしのぎこちなさのおかげで、彼女の完璧な歌声がはるかに神々しく聞こえた。

観客の中に「友達」を見つける

トークのはじめのうちに、あなたに共感していそうな顔を探そう。客席の中からばらばらに3、4人を見つけてその人たちに向かって話しかけながら、順番に一人ひとりをじっと見つめる。客席にいる人はあなたがつながろうとしていることを感じ、あなたはその人たちの表情に励まされて、落ち着きと自信を得られるだろう。実際に友達に来てもらってもいい。そして彼らに話しかけてほしい（それに、友達に話しかけると、ちょうどいい声のトーンになる）。

失敗したらどうするかを考えておく

なにかうまくいかないことが心配なら、予備の策を考えておくといい。話すことを忘れてしまったら？　メモか原稿を手の届くところに置いておく。ロズ・サベージはシャツの中に原稿をたくし込んでいた。彼女が言葉を忘れて何度か原稿を見たときも、だれも気にしなかった)。機械が動かなかったらどうする? まず、それは主催者の問題で登壇者のミスじゃないけれど、間を埋めなくちゃならなくなったらちょっとしたストーリーを話すといい。個人的な話ならなおいい。「機械を直している間に、ついさっきタクシーの運転手と話したことをみなさんにお話しさせて下さい」「ちょうどよかったです。時間の関係でトークでは割愛したことを話せます」「何分か余分にいただけてありがたいです。ではここでみなさんについて質問させて下さい。みなさんの中で……」

メッセージに集中する

原稿の上に「大切なのはこれ」と書いたモニカのアイデアはすばらしい。僕がいちばん言いたいのもそれだ。大切なのはあなたではなく、アイデアだ。そのアイデアを伝え、贈り物として差し出すことがあなたの仕事だ。ステージに上るときにそれを心に留めておけば、気持ちが解き放たれるだろう。

歌手のジョー・コーワンはあがり症が高じて、最愛のことができなくなってしまいそうだった。人前で歌うことだ。そこで、少しずつでもあがり症を克服しようと決めて、無理やり小さな店で毎週歌うことにした。最初は自分の声の震えが聞こえるほどだったけれど、あがり症の曲を書いて、それを歌うようになった。それが観客にウケて、彼は緊張を受け入れられるようになっていった。彼は楽しいトーク（と歌）で、どうやったかを教えてくれた。

15年前、トロントのあるカンファレンスで、作家のバーバラ・ガウディがステージ上で凍ってしまうのを見た。ガウディはそこに立ち尽くし、震えていた。言葉が出なかった。インタビューされるものだと思っていたら、直前でスピーチをしなくちゃならないと知らされたのだ。毛穴という毛穴から恐怖がにじみ出ていた。でもそこで信じられないことが起きた。観客が彼女に拍手を送り、声援しはじめたのだ。ガウディはなにかを話しはじめて、やめた。するとまた拍手が起きた。そして彼女は、思考とプロセスについて雄弁で親密な洞察を語りはじめた。そのカンファレンスでいちばん記憶に残ったトークだった。もし彼女が自信満々で話しはじめていたら、観客はあれほど熱心に聞いてなかっただろうし、あれほど応援していなかっただろう。

緊張は悪いことじゃない。いい効果にも変えられる。緊張と仲良くして、自信にしよう。さあ本番だ！

16
On Stage
Setup

ステージの設定
演台、隠しモニター、アンチョコ、それとも（ゴクリ）なにもなし？

舞台の設定はすごく重要だ。次の2つを比べてみよう。

A：でっかくて重そうな演台の後ろに講演者が立って、遠くの観客に原稿を読んでいる。
B：3方を観客で囲まれたなにもない小さなステージに講演者が立っている

どちらもパブリックスピーキングと呼ばれているけれど、実際にはまったく違うことだ。Bはすごく恐ろしい。ラップトップも原稿もなく、身体が全部見えて、隠れる場所もなく、すぐ近くから全員の目が注がれているのを感じる。

Aはあらゆる話し手のニーズに合うように長年の間につくられてきた形式だ。電子機器のない時代には、小さな演台にメモを置いて話していた。20世紀になると演台（ポディアム）がどんどん大きくなって原稿を読むための照明やスライドのボタンが付いて、最近ではラップトップを置けるようになった。講演者の身体を隠して顔だけ見せるほうが、宗教演説みたいで権威が増すという説さえある。わざとかどうかはともかく、大きな演台は話し手と聞き手の間に巨大な壁をつくっている。

講演者にとってそれはすごく居心地がいい。もちろんだ。トークに必要なものはすべてそこにある。守られている感じもする。靴を磨き忘れても、シャツにちょっとくらいしわが寄っていても関係ない。だれにも見えない。ジェスチャーがぎこちなくても、姿勢が悪くても、問題ない。演台が隠してくれる。観客から見えるのは顔だけだ。やった！　楽勝！

でも観客から見ると、大きなロスだ。この本では1章をまるまる割いて話し手と聞き手のつながりの大切さを訴えている。しかも、その大部分は、話し手が弱さをさらけ出せるかどうかにかかっている。それは言葉に出せない強いつながりだ。話し手が遠くの安全な場所に留まっていたら、聞き手もそうなってしまう。

TEDの共同創立者のリチャード・ソール・ワーマンは、この点は譲らなかった。演台なし！　原稿読んだらダメ！　話し手と聞き手の関係を堅苦しくしてしまうようなものはすべて嫌がった（だからネクタイも禁止だった。MITのメディアラボを創立したニコラス・ネグロポンテがスーツとネクタイ姿で現れたとき、リチャードはステージに上ってネクタイをはさみでちょん切ってしまった）。

TEDがそれまでのカンファレンスと違って感じられた理由のひとつは、この理念のおかげだ。話し手は弱さをさらけ出すことを求められた。そして聞き手はそれに反応した。

いったん慣れれば、演台なしで観客の目の前で話すのがいちばんいい。TEDトークのほとんどはこのスタイルだし、登壇者全員にそれをおすすめしている。でも、このやり方には欠点もあるので、今では多様性を持たせるためにも、登壇者のニーズに合わせるためにも、複数の方法があっていいことになった。創立時のやり方は、話し手を安全地帯から押し出すにはいい。でも前に言ったように、それが行き過ぎてしまうこともある。ダニエル・カーネマンやその他の講演者から、話し手が自信を持って自然に話せるほうが、弱さをさらけ出すよりも大切だということも教わった。

というわけで、この章ではさまざまなトレードオフを理解して、あなたにいちばん合う語り方を見つけてもらいたい。

最初の質問は、トークを上手に語るには、何枚くらいのメモが必要なのかというものだ。完全に暗記しているか、短い箇条書きのメモで話ができるなら、ことは簡単だ。ステージに上って、直接観客の目の前でトークをすればいい。演台なしで、間に遮るものを入れず、片手にメモを持って、観客に話しかける。いろいろな意味で、これが理想だ。あなたをさらけ出すことで、聞き手と強いつながりを築ける可能性がいちばん高くなる。

とはいえ、このやり方がどうしても合わない人もいるし、すべてのトークにそれだけの時間をかける価値があるかどうかはわからない。

では、メモが何枚も必要だと感じたり、原稿が必要な場合はどうしたらいい？　支えになる方法をいくつか紹介しよう。その中でもすごく役に立つものとそうでもないものがある。

お守りのアンチョコ

ステージに立つ前に、完全なメモか原稿を、ステージ脇か奥の机または演台の上に水と一緒に置いておく。そしてなにもないステージの中央で話し、つまったらメモのところまで行って水を一口飲み、また続けられるようにしておく。観客から見ると、これなら自然でなんの問題もない。メモを遠くに置いておくことで、ずっと下を向いて話すこともなくなるし、結局最後まで使わない可能性も高い。でも、メモがあるとわかっていればプレッシャーはかなり減る。

スライドにヒントをもらう

スライドを頼りに言葉を思い出そうとする登壇者は多い。これについては、以前にも少し触れた。パワーポイントをアウトラインとして使ったり、文字の詰まったスライドをだらだら見せるのはもってのほかだ。最悪だ。でも各段階に美しい画像があれば、切り替えさえきちんと考えておけばうまくいくかもしれない。画像は記憶を引き出すヒントになるけれど、それでも追加のメモが必要になる場合もある。

メモカードを手に持つ

1枚のカードにすべてを書き込むのは無理かもしれない。各スライドのつなぎ、主なポイントの事例、締めくくりの正確な文章など、思い出したいことはいろいろある。その場合には少し大き目のインデックスカードを1枚ずつめくっていくといいだろう。落としても順番がばらばらにならないように、カードをリングに通しておこう。これなら邪魔にならないし、トークの最中にちらっと見ることができる。ただ、ほとんど使わない場合は、次のポイントを見るときにまとめて5枚も6枚もめくらないといけなくなる。

クリップボードか普通サイズの用紙を使う手もある。ページをあまりめくらなくてすむけれど、カードより目立ってしまう。おそらくカードのほうがいいし、ビジュアルを多く使うならスライドごとにカードを1枚にして、次のスライドに続くつなぎの言葉をそこに書いておくといい。

ここまでいろいろ言ってきたけれど、トークの内容を熟知していることが大切で、ずっと下を向かなくてすむようにしてほしい。

TED登壇者の多くはインデックスカードを使う。オンラインではそれが見えないかもしれない。編集で上手にごまかしている場合もあるが、ほとんどの登壇者が実際にはあまり使ってないからだ。このやり方ならステージ上を自由に歩けるし、トークを計画通りに進めるために必要なものを手に持てる。

スマホかタブレットを使う

カードのかわりにハイテクなスマートフォンやタブレットなどの携帯機器を使う登壇者もいる。カードをめくるよりスクロールするほうがいいと思うのだろう。もちろん、これなら演台はいらない。でも僕はあまり好きじゃない。ひとつには、話し手が端末を見ていると、無意識のうちに聞き手とのつながりが切れてしまうように感じるからだ。メールを打っている姿と重なってしまうかもしれない。

それにいろんな原因で遅れが出ることもある。ちょっと別のところを触っただけで原稿がどこかに行ってしまったり、たくさんスクロールしないと探している文章が出てこなかったりする。そのうちに完璧な専用のアプリができるかもしれないが、今のところ携帯端末はカードより遅いし面倒だ。ｉＰａｄに原稿を入れてお守りに使うのはいいが、メモ代わりに携帯端末を使うのはおすすめしない。

隠しモニターを見る

高級なカンファレンス会場には、講演者だけに見える「隠し」モニターがある。ステージの床から上を向いた角度に置かれているか、部屋の後ろの観客の頭の上に設置されていることが多い。それがあると、スライドが進むごとにいちいち振り向かなくていい。スライドを説明するメモを映したり、話し手が準備できるよう次のスライドを映したりすることもできる。パワーポイントにもキーノートにもこの機能が付いている。これには明らかな利点がある。隠しモニターを使ってスライドごとのトピックを構成通りに話せる。でも、大きな欠点もある。

間違ったモニターを見て、次のスライドを今のスライドと勘違いしてしまい、スライドが違っていると思ってパニックになってしまう登壇者がたまにいる。それよりも悪いのは、スクリーンの文章に頼りきりになって、ずっとそれを読んでしまうことだ。これは手に持ったカードを見るよりもたちが悪い。隠しモニターが観客の真ん中にあるのでなければ、登壇者がスクリーンを見ていることがバレバレだからだ。目線が常にステージの床に下がっているか、観客の頭の上に上がっているかのどちらかになる。そうなるとすごく白けるし、つながりをつくるために大切なアイコンタクトもまったくできない。

登壇者がカードを見ていても、聞き手は慣れているし自然に感じる。カードはそこにあって、全員がその動作を見られるからだ。まったく問題ない。でも目線が隠しモニターに移ると、観客はすぐに距離を感じてしまう。トークのはじめは気がつかなくても、それが繰り返されると観客はだんだん落ち着かなくなる。前に話した「不気味の谷」にちょっと似ている。ほぼ正しいように見えて、どこかが違う。そのギャップに違和感を覚えるのだ。

隠しモニターで原稿を全部読んでいるときは最悪だ。最初の2分はすごくいいけれど、次第に観客も棒読みに気づいて、トークから命が吸い取られてしまう。10年前にTEDでもそんなことがあった。ある有名スポーツ選手がトークに来てくれたとき、会場の後ろのスクリーンにスピーチ原稿を全部映すことになってしまった。そのときの彼の言葉は完璧だった。でも目線が観客よりはるかに上で、モニターを読んでいることはわかったし、それがトークを殺してしまった。

隠しモニターを上手に読める話し手は、僕の知る限りひとりしかいない。ボノだ。彼は生まれつきのパフォーマーで、観客とずっと目を合わせながら、目の端でモニターを読み、自然な声のトーンでユーモアを交えながら語っていた。それでも、会場の後ろのモニターにジョークを含めたスピーチが映っているのに気付いた人たちは、がっかりしていた。ボノの生の声が聞きたかったのだ。原稿そのままならメールでも送れる。

隠しモニターを使う場合には、こう強くおすすめする。観客が見ているスライドを映すだけにすること。どうしても言葉を加えたいなら、できるだけ短くして、2ワードか3ワードの箇条書きにしてほしい。そして絶対に必要なとき以外はモニターを見ないで話せるように練習してほしい。読んじゃいけない。観客と温かいつながりを保つにはそれしかない。

テレプロンプター／オートキューを使う

隠しモニターが危険なら、テレプロンプターはもっと危険だ。でも、一見すばらしい発明に見える。テレプロンプターは観客からは見えないけれど、講演者の目の前にある透明なスクリーンに言葉を映し出す。だから、講演者はスピーチを読みながら観客と目を合わせて話せる。だが、その便利さが最大の弱点でもある。「観客を見るふりをして、本当は原稿を読んでいる」ことが伝わってしまうからだ。その矛盾が仇《あだ》になりかねない。

そんなことはない、と思うかもしれない。僕らの時代の演説の名手、オバマ大統領はいつもテレプロンプターを使ってる。かならずだ。でも、聴衆の反応はまっぷたつに分かれる。もともとオバマ大統領を信頼していて彼が好きな人は、そんなことを気にしないし、彼らしいスピーチとしてトークを受け入れる。でも政敵は、テレプロンプターをやり玉にあげて、生の観客にオープンに話せないとバカにする。メディア戦略家のフレッド・デイビスは、テレプロンプターはどんな政治家にも大きなマイナスだと言う。ワシントン・ポスト紙に、彼はこう語っている。「本物じゃないという印になるから、マイナスなんだ。自分の言葉で話せないと思われてしまう。陰でだれかに言葉を操られているような印象を与える」

ＴＥＤではこのところ厳しい一律のルールを課していないけれど、メインのステージではテレプロンプターを使用しないことにしている。記憶やカードやその場の考えを使ってできるだけいいスピーチをするほうが、原稿を読みながら観客と目を合わせるフリをするよりもはるかにいい。

では、完全な原稿が必要だけど、本物らしく見えないのはいやだから隠しモニターやテレプロンプターを使いたくない場合にはどうする？　僕たちのアドバイスはこうだ。

邪魔にならない演台を置く

完全な原稿、長いメモ、ラップトップ、タブレットに頼りたいときには、ごまかさないのがいちばんだ。演台を使えばいい。でも主催者が、かっこよくてモダンで邪魔にならない演台を準備できるかどうかを聞いてみてほしい。透明なものか、足の細いものがいい。身体がすっぽりと隠れてしまうような重厚な木製の演台は避けたほうがいい。それからトークを本当に身体にしみ込ませる努力をすれば、観客に目を向ける時間も長くなるし、演台に目を落とさなくてすむ。

モニカ・ルインスキーのトークは、その完璧な成功例だ。彼女にとってはすべてを暗記するのはリスクが高すぎた。リハーサルでは隠しモニターのメモを読もうとしていたけれど、僕たちは違和感を覚えていた。モニカは聞き手の頭の上のほうをずっと見ていて、それが聞き手とのつながりを壊していた。ありがたいことに、彼女自身が、これまでTEDで試したことのない方法を考えてくれて、それが完璧にうまくいった。譜面台にメモを置いたのだ。彼女のトークを見れば、譜面台がまったく邪魔になっていないことがわかるだろう。実際、彼女はほとんど譜面台を見ていない。でもそれが自信になり、彼女は芯から輝いていた。

なぜ隠しモニターやテレプロンプターよりこっちがうまくいくんだろう？　そこで起きてい

ることを包み隠さず見せているからだ。正直で温かみがあるからだ。話し手が原稿を読まないように努力しているのが観客にはわかる。話し手が観客を見回し、目を合わせ、笑顔を送り、自然にしているのが見える。それが話し手に落ち着きと自信を与え、観客は声の中にそれを聞き取り、話し手と一緒にリラックスできる。

こうしたさまざまな方法がある。もちろん、あなただけの方法を試してみてもいい。クリフォード・ストールは、トークの5つのポイントを5本の指にひとつずつ書いていた。トピックが変わるごとにカメラが彼の手をクローズアップして、次になにを話すかが観客にもわかる。ちょっと変わっていて親しみの持てるやり方だった。

大切なのは、自分に合うトークのやり方を見つけて、早いうちに取り組みはじめ、ステージで使うのと同じ道具を使って、できる限り練習を重ねることだ（これが、隠しモニターをおすすめしないもうひとつの理由だ。ステージの設定と100パーセント同じ状態で何度も練習できないからなのだ）。

弱さを出していい。自信と落ち着きが持てる話し方を見つけるといい。そして、本当のあなたであることがいちばん大切だ。

本　番

16　ステージの設定

17
On Stage

Voice and Presence

声と存在感

言葉に命を吹き込もう

過激な質問をしよう。そもそもトークやプレゼンなんて意味があるんだろうか？　聞きたい人みんなにメールで原稿を送るだけじゃだめなのか？　18分のトークで話せるのは２５００ワード前後だ。読むだけなら9分もかからないし、そのほうがわかりやすい。じゃあなぜそうしないのか？　会場費の無駄じゃないのか？　旅費も節約できる。話し手は言い間違えて恥をかくこともない。スピーチの半分の時間で内容を伝えられる。

僕が20代の頃には、スピーチのほうがいいなんて絶対に考えられなかった。僕は大学で哲学を専攻していた。偉大な作家で聡明な思考家のＰ・Ｆ・ストローソンが、少なくとも僕が聞いた限りでは本当に話下手だったことに、僕は死ぬほど失望した。ストローソンは60分間ずっと、単調な声でもごもごと文章を棒読みし、ほとんど目を上げなかった。彼の講義はまったくの時間の無駄で、彼の本を読んでいるほうがはるかに学ぶことが多かった。僕は彼の講義に出なくなった。というか、どんな講義にも出なくなった。ただ本を読んでいた。

僕がTEDにここまで惹かれた理由のひとつは、トークが印刷物にはないなにかを与えてくれると知ったからだ。でもそれは当たり前じゃないし、いつもそうとは限らない。そのおまけのなにかは、熟考し、時間をかけ、育むことではじめて手に入る。努力によって得られるものなのだ。

ではその「おまけ」ってなんだろう？　それは情報をインスピレーションに変える人間という媒介だ。

トークを、並行に流れる2つの情報の潮流だと考えてみよう。言葉は脳の言語中枢で処理される。聞いた言葉も読んだ言葉も同じように処理される。でもその上の層にはメタデータの流れが存在し、（無意識に）聞いた言葉を評価し、どう扱うかを決め、優先順位をつけている。文章を読む場合には、それはない。話し手を見てその声を聞いているときにだけ、これが起きる。その追加の層が、なにをもたらすかを紹介しよう。

- **つながる**：「この人、信用できる」
- **夢中になる**：「なにもかも、すごく面白い！」
- **好奇心を持つ**：「声の中にも、表情にも、なにかを感じる」
- **理解する**：「ジェスチャーでその言葉を強調してるんだ――やっとわかった」
- **共感する**：「どんなにつらかったか感じられた」

・**興奮する**：「わぉ！　情熱が乗り移りそう」
・**確信する**：「目に信念が現れてる！」
・**行動する**：「チームに入れてほしい。参加したい」

これをまとめると、インスピレーションということになる。広い意味でのインスピレーションだ。新しいアイデアをどう使うのかを脳に教える力、と言ってもいい。多くのアイデアはどこかにしまわれて、おそらくそのうち忘れられる。でも、インスピレーションはアイデアを握りしめて、そこに心のスポットライトをあてる。みなさん注目！　重要な新しい世界観がやってくる！　活動準備はじめ！

人が特定の講演者に強く反応するのはなぜなのか、どのような仕組みでそうなるのかについては、謎が多い。それは人間の中に深く刷り込まれ、何十万年もかけて進化してきた能力だ。人間の内面のどこかに信頼のアルゴリズムがある。信用のアルゴリズムも。ある人から別の人の脳に感情を伝播するアルゴリズムもある。そうしたアルゴリズムの詳細はわかってないけれど、それを動かすカギになるものについては意見が一致している。それは大きく2つに分かれる。

声を使うものと身体を使うものだ。

意味を込めて話す

機会があったら、ジョージ・モンビオットのトークの出だしを聞いてほしい。素敵な文章だけど、衝撃的というほどじゃない。

若い頃に、世界でもいちばん魅惑的な場所、熱帯雨林の自然の中で、6年間も調査ジャーナリストとして働いていました。若さゆえ、思い切り無鉄砲でバカをやっていました。戦争と同じですね。でも、あのときほど生きていると感じたことはありません。帰国すると、自分の存在がだんだん小さくなっていくように思えました。しまいには皿洗い機にお皿を入れるのでさえ、かなりの挑戦に感じたほどです。そのときの私はまるで、人生の壁をひっかいて、広い世界に出る道を探しているようでした。生き物としてこの環境に退屈していたんだと思います。

でも、彼が話しているのを聞くと、まったく別のなにかが聞こえる。それを文字だけで表すと、こんな風になるんじゃないかと思う。

若い頃に、世界でもいちばん**魅惑的**な場所、熱帯雨林の自然の中で、6年間も**調査**ジャーナリストとして働いていました。若さゆえ、思い切り無鉄砲でバカをやっていました。戦争も同じですね。でも、あのときほど**生きている**と感じたことはありません。**帰国**すると、自分の存在がだんだん小さくなっていくように思えました。しまいには**皿洗い機にお皿を入れるのでさえ、かなりの挑戦に感じたほどです。**そのときの私はまるで、人生の**壁をひっかいて、**広〜い世界に抜け出す道を探しているようでした。**生き物としてこの環境に退屈していたん**だと思います。

これだと、見た目はひどい。でもモンビオットの話を聞くと、すぐに彼の世界に引き込まれる。彼の口から出る一言ひとことが多層のトーンとその中に深く埋め込まれた意味によってつくられ、出だしのフレーズに絶妙なニュアンスが加わっている。そのニュアンスは印刷では伝わらない。その才能はトークの最後まで続いていく。彼の口にする言葉は興味と好奇心を呼びさまし、特にその声が聞く人に好奇心と驚きを感じさせている。

どうしたらそんなことができるんだろう？　少なくとも6つのツールがあるとボイスコーチは言う。声量、高さ、速さ、音色、トーン、そしてプロソディー（韻律）と呼ばれるものだ。たとえば、普通の文章を質問と区別するような抑揚やリズムがこれにあたる。もう少し深く知りたければ、ジュリアン・トレジャーの「人が聞きたくなるように話すには？」というトークが断然おすすめだ。なにが必要かということだけでなく、声の準備体操も教えてくれる。

僕がいちばん参考にしたいのは、話し方に変化を持たせるという点だ。それも、伝えようとする意味に添って、変化させてみるということだ。これを忘れている話し手は多い。どの文章でも同じ声のパターンで話してしまう。最初に少し上げ、最後に下げる。間をあけることもなく、テンポも変えない。それだと、強調したいところとそうでないところが伝わらない。最後までずっと同じ。催眠術みたいなものだ。観客は眠くなってしまう。

原稿を書くときに、試してみてほしい。ひとつの文章の中でもっとも大切な意味を持つ言葉を2つか3つ見つけて、下線を引く。各段落で本当に重要な言葉ひとつに2重線を引く。原稿の中でいちばん軽いトーンの文章の下にえんぴつで薄く波線を引く。クエッションマークすべてに黄色のマーカーで印を付ける。トークの中で最大のひらめきの瞬間をひとつだけ抜き出して、その直前に大きな黒いマークを付ける。笑い話の上には小さなピンクの傍点を付ける。

では、それぞれの印のところで声のトーンを変えて原稿を読んでみよう。たとえば、ピンクの傍点ではにっこりしながら、大きな黒いマークの前で間をあけて、えんぴつ波線のところは少し急ぎ目に、ソフトな感じで。どんな風に聞こえた？　わざとらしかった？　ではもう一度、こんどはもう少しニュアンスを加えてやってみよう。

ポイントは、声のトーンを、聞き手の頭の中に入り込むための新しいツールだと考えることだ。聞き手に話を理解してもらうだけじゃなくて、情熱も伝えたい。そのためには、情熱的になって下さいと頼むより、あなた自身の情熱を表に出したほうがいい。その情熱は自然に広がるし、あなたが本当に感じているほかの感情もそうだ。

時間制限が心配？　大丈夫。ある意味で、時間が倍になるようなものだから。こうすると、情報を伝えるだけじゃなく、それをどう受け止めたらいいかも伝えることができる。しかも、そのためにひとことも余計に足さなくていい。

声を上手に使っている例はほかにもたくさんある。ケリー・マクゴニカル、ジョン・ロンソン、エイミー・カディ、ハンス・ロスリング、そして天才ケン・ロンビンソン卿のトークをチェックしてほしい。

あなたに合わない声の使い方を押し付けるコーチもいるかもしれない。でも、従う必要はない。そのトピックへの自然な情熱に従ってほしい。ふだんの言葉で話しながら、必要なポイントで好奇心や興奮をかき立てればいい。同級生に会って、近況を報告している自分を思い浮かべてほしい。その声だ。本物で自然で、でも必要な時には強く訴えることもできるような声だ。

もうひとつ注意してほしいことがある。話す速度だ。まず内容に従ってペースを変えるといい。重要なアイデアを紹介するときや、複雑なことを説明するときにはゆっくりと話し、間をとるといい。たとえ話や軽い話では、テンポを上げる。でも、全体的にはふだんの会話と同じ速度で話す。だいたい1分間に130から170ワードくらいだ＊。

パブリックスピーキングは、ゆっくりと話したほうがいいというアドバイスもある。ほとんどの場合、それは間違っていると僕は思う。普通は、理解のほうが説明より速い。つまり、話し手の脳の回路が話を構成する時間より、聞き手がそれを理解する時間のほうが短くてすむということだ（ただし、複雑な説明のときは別だ。その場合はゆっくり話したほうがいい）。普通の会話のペースで話していればちょうどいいし、聞き手は気にしないが、それよりもゆっくりになると聞き手はイライラしはじめる。聞き手をイライラさせていいことはない。話し手は一世一代の舞台を楽しんでいても、観客は早く進んでくれと思っている。

ロリー・サザーランドは1分あたり180ワードのスピードで、大爆笑だが奥の深い話を17分でしてくれた。みんなも少し早く話したほうがいいと彼は言う。

ペースが早すぎても遅すぎても観客を失う。でも早すぎて失うケースのほうが圧倒的に少ない。遅すぎるほうがはるかに問題で、ゆっくりすぎると観客の注意が離れていく。でも、こんなことを言うのはちょぴり後ろめたい気もするんだ。早く話していれば、変なところに話が飛んでも気づかれない。もちろん、論理が飛躍しちゃいけない。でも早く話すとちょっとくらいのミスは目立たない。「あっ」とか「うっ」なんて言っても早くて短いときにはだれも気にしないし、そもそも気づかれないからね。

＊オーディオブックサイトＦｅＢｅを運営するオトバンクによると、日本語の場合、1分300文字程度が目安になるという。ただ、個人差もあり、ビジネスパーソンなら1分400文字程度でも自然なペースと感じるようだ。

ロリーも僕も、せっかちなしゃべりや早口を勧めているわけじゃない。ただ普通に会話するように話すのがいちばんだし、早く話すのが自然なところではペースを上げていいと思う。会場でもオンラインでも、そのほうがいい。

意外だった？　スピーチは会話と反対のものだと思ってた？

あるとき、南アジアからのはじめての登壇者が怒鳴り声でリハーサルをはじめた。僕はいろいろな話し方に大賛成だけど、そのときは聞いていてぐったり疲れてしまった。どうして怒鳴ってるの？　と聞いたら、彼は少し考えてこう言った。「私の国では、スピーチというのは群衆に向けてするものです。いちばん後ろにいる人に聞かせるには、叫ばないといけませんから。でも」と、間をあけた。「ここではその必要はないんですね。自動で怒鳴ってくれる装置がありますから」。彼はマイクにトントンと触れ、僕たちは吹き出した。

でもこれは結構大切なポイントだ。パブリックスピーキングは、拡声器よりもはるか以前の時代から進化してきた。話し手は群衆に呼びかけるため、ゆっくりと言葉を紡ぎ、深く呼吸をし、ひとつの文章が終わるたびにドラマチックに間をあけていた。今でいう「演説」だ。この話し方は、群衆の感情を盛り上げ、強い反応を引き出す。マーク・アントニーの「友よ、ローマ市民よ、同胞よ」から、パトリック・ヘンリーの「自由を、さもなくば死を」まで、文学と歴史における影響の大きなスピーチは、このスタイルだ。

でも現代では、演説口調はたまに使ってこそ効果がある。情熱と緊張と怒りを伝えるにはいいけれど、微妙な感情は表せない。観客からすると、15分なら強く印象に残るけど、1時間聞かされるとつらい。ひとりに話しかけるなら、演説はしないだろう。1日のカンファレンスを演説だけで構成することはできない。

それに、演説はゆっくりだ。マーティン・ルーサー・キングの『私には夢がある』は1分に100ワード程度だった。あのスピーチは、完璧に練られ、目的を持って語られた。でも今、あなたは、歴史的な社会運動の中心に立って20万人の群衆に語りかけているわけじゃない。

マイクのおかげで、話し手はたくさんの人に親しみを込めて語りかけられるようになった。その技術を利用したほうがいい。演説よりも簡単につながりをつくれるし、好奇心をかき立てることもできる。オンラインではなおさら会話調が大切になる。ひとりでスクリーンを見ている人に向けて、話しかけないといけない。大勢の群衆に演説しているようなトークはほとんどバイラルしない。

よくある落とし穴にはまってしまう登壇者もいる。ステージに立っていることに興奮して、気持ちが大きくなり、無意識に演説口調になってしまうのだ。ペースがゆっくりになる。声が少し大きくなる。ドラマチックに間をあける。これでトークは台無しになる。演説は繊細な芸術で、本当に演説に優れた人は数少ない。教会や政治集会にはいいだろう。でも、そうじゃない場合には、やらないほうがいい。

身体を使う

ケン・ロビンソン卿は、大学教授の中には、身体は頭を運ぶための装置だと思っている人がいるようだとジョークを飛ばしていた。講演者の中にもそんな感じの人がいる。頭をステージに運んだあとは、身体を持てあましてしまうのだ。演台の後ろに隠れられないと、ますます問題が悪化する。ぎこちなく立ちつくし、腕を脇にぴたりとつけて、身体を左右に揺らしている。

ボディ・ランゲージにひとつの対処法を押し付けるつもりはまったくない。登壇者がみんな同じ仕草をしていたら、退屈だ。だけど、話し手がくつろいで、観客の前で自分らしくあるためにできることはいくつかある。

いちばんシンプルなのは両足をしっかり安定させてまっすぐに立つことだ。足を少し開いて均等に体重をかけ、話に合わせて手と腕を自然に動かす。客席がステージに添って少しカーブしている場合には、腰からひねって違う方向を向くといい。歩きまわる必要はない。

この体勢には、落ち着きと威厳が感じられる。ロビンソン卿もそうだが、TEDの登壇者の大半はこの体勢だ。大切なのは、リラックスして上半身を自然に動かすことだ。いい姿勢を心がけよう。猫背にならないように。ただ立っていると、不安に感じるかもしれない。でも、弱さは味方になる。

ステージを歩きまわりたい講演者もいる。歩きながら考えられるからだ。重要なポイントを強調しやすいらしい。歩きが自然でリラックスしていれば、これもいい。フアン・エンリケスを見てほしい。エリザベス・ギルバートもそうだ。どちらもすごくリラックスして見える。しかも（これも大切だが）しょっちゅう立ち止まってポイントを強調している。そのリズムで、このやり方がうまくいっている。ずっと動きまわっていたら、見るほうも疲れる。立ち止まっているときがあるからこそ、歩きがインパクトを持つ。

身体をぎこちなく左右に揺らしたり、前後に行きつ戻りつするのはやめたほうがいい。無意識にそうしている講演者は多い。少し不安になって、不安を紛らわすために体重を移動させているのだと思う。でも見ているほうは、逆に不安が強調されて見える。リハーサルでは、そんな講演者にリラックスしてただじっと立っているように勧めている。この違いは大きい。

動きたければ、動いていい。でも動くなら意図的に。ポイントを強調したいときは、立ち止まって落ち着いて力強く観客に話しかけよう。

力強く話す方法はほかにもたくさんある。ダン・ステファニー・シャーリーは、座って話すことにした。金属製のスツールに腰かけ、片足を段の後ろに降ろして、メモをひざに置いていた。リラックスして自然だった。今はなき偉大な神経科医のオリバー・サックスも座って話した。逆に、クリフォード・ストールはステージ上を飛び跳ねて、ものすごいエネルギーで新しいユニークな一面をトークに加えた。

というわけで、あなたが落ち着いて自信を持て、スピーチの邪魔にならないスタイルを見つけるということ以外に、決まったルールはない。少人数の前でリハーサルしてみて、ボディ・ランゲージが邪魔かどうか聞いてみるといい。無意識になにかしていないかを見るために自分でビデオ撮影してもいい。

この世界にはさまざまなプレゼンテーションのスタイルがあっていいし、それが望ましい。身体は頭を支えるだけのものでないことを知っていればいい。身体もまたステージを楽しんでいい。

あなたらしくやる

そして、これがいちばん大切なことだ。トークの方法ばかり気にして、もっと重要なことを忘れないでほしい。つまり、あなたらしいやり方で話すことだ。

洋服を選び、自分に合うトークスタイルを見つけたら、あまり考えすぎないように。だれかになろうとしないでほしい。トークの中身と情熱に集中して……あなたの個性を大胆に輝かせてほしい。

２００８年にジル・ボルト・テイラーのトークが大ヒットし、その世代のＴＥＤ登壇者がみんな、彼女の感動的なトーンを真似ようとした。それは間違いだ。メアリー・ローチも、あやうくそうするところだった。

ＴＥＤに招かれて私が最初にしたのは、当時いちばん人気のトークをクリックすることでした。ジル・ボルト・テイラーのトークです。でも、2分で止めました。ジル・ボルト・テイラーになれないとわかったからです。メアリー・ローチでいるほうが、ジル・テイラーになろうとするよりいいと思いました。

ダニエル・ピンクも同じように言っている。

自分らしく話したほうがいい。だれかのスタイルを真似たり、ＴＥＤ流だと思うやり方に従ったりしないでほしい。退屈で、陳腐で、後ろ向きだから。次のケン・ロビンソン卿や、次のジル・ボルトにならなくてもいい。まず、あなたらしくいてほしい。

18

On Stage

Format Innovation

フォーマット革命
「フル・スペクトル」トークの可能性（とリスク）

２０１１年11月、ＴＥＤブリュッセルのステージに立った科学ライターのジョン・ボハノンは、めずらしい助っ人を連れていた。パワーポイントのかわりにダンスグループを持ち込んだのだ。実際には、ダンサーたちがジョンを舞台に運んできた。ジョンがレーザーや超流動について話している間、ダンサーたちは話のポイントを身体で表していた。

観客はパフォーマンスにくぎづけになった。さらにボハノンは、ダンスは科学を説明するのに最適なツールだと言い、科学者がダンスで研究を発表する「ダンス・ユア・ＰｈＤ」というコンテストをはじめたと語った。

たくさんの講演者の中で本当に際立ったトークをしたければ、斬新な方法はたくさんある。基本的に、トークで制限されているのは時間だけだ。18分あれば２５００ワードは話せる。でもほかに、なにができるだろう？　観客には五感があるし、複数のインプットを吸収できる。

ＴＥＤでは、言葉とスライド以外のものをトークに組み込む試みを、「フル・スペクトル」と呼んでいる。ここで、16種類のツールを紹介しよう。今後、ものすごいイノベーションが起きるんじゃないかと思っている。

とはいえ、ここで紹介するツールの扱いには厳重な注意が必要だ。使い方を間違うと、わざとらしく見える。正しく使えば、トークを一段上のレベルに押し上げられれる。

｜ドラマチックな小道具

20年前、僕は、核廃絶に向けた戦いを続けようと訴えるトークを見た。講演者の名前は思い出せない。組織の名前も覚えていない。その内容もほとんど記憶にない。でも、彼がしたことは頭に焼き付いている。乾いた豆を一粒手に持って、それを掲げた。そしてこう言った。「これが水素爆弾だと想像してほしい。広島に落とされた原爆の1000倍も破壊力がある」。彼はその豆を、マイクのついた大きなバケツに投げ入れた。豆が落ちて跳ね返ったときのピーンという音は、驚くほどうるさかった。「地球上に水素爆弾がいくつあると思う？」と言って間をあける。「30……じゃなくて3万個」。そして黙って豆の入った袋を取り出し、中の豆をバケツに入れはじめた。最初は1個ずつ、そして袋ごと。耳をつんざくような恐ろしい音がした。その瞬間、会場にいた全員が腹の底から、なぜこの問題が大切なのかを理解した。

めずらしい小道具を使ってインパクトを与えたTEDトークは数多い。ジル・ボルト・テイラーは、右脳と左脳の働きを説明するために、脊柱のぶらさがった本物の脳をステージに持ってきた。彼女がそれを持ち上げたとき、なんともいえない感動があり、それは観客全員の心に焼き付いた。脳は彼女の情熱の対象なんだ！　ビル・ゲイツは、マラリアについてのトークの最中に、こんな冗談を言いながら小瓶に入った蚊を客席に放した。「貧しい人だけが蚊に刺されなくちゃならないってわけじゃありませんから」。J・J・エイブラムズはおじいさんからもらったまま一度も開けてない謎の小箱を持ってきて、僕たちをくぎづけにした（もちろん、ステージを降りるときにも開けないままだった）。

もし合法的でインパクトのあるなにかがあなたにあれば、忘れられないトークができるかもしれない。

でも気をつけてほしい。かならず実際の場で練習してほしい。僕は一度、鮮やかな黄色のビルマニシキヘビを身体に巻き付けてステージに上ったことがある。自然のすばらしさを見せるためだ。僕はばっちりだと思ってた。でも観客はバカ笑いしはじめた。ビルマニシキヘビは熱に反応する。ヘビは僕の背中を下って、僕の股間に頭をもたげ、ぶらぶらと揺れていたのだ。大ウケしたのは確かだが、そんなつもりじゃなかった。

2　パノラマスクリーン

TED2015では、MITでアートと建築を教えるネリ・オクスマンが、左右に大きく広がる巨大スクリーンに2種類の画像を並行して同時に映しだし、観客をアッと言わせた。片方は先端技術を使った彼女の作品。もう片方は自然を使った作品だ。

どちらもそれぞれに感動的だったが、2つを並べると絶対的に美しく、それには視覚的なインパクト以上のものがあった。それを見ると、科学を基礎にした建築家の側面とアーティストとしての側面の両方が彼女の作品に自然に備わっていることが直感的にわかる。グーグル・ツアイトガイスト・カンファレンスでは最先端の超ワイドスクリーンを使って、同じ画像をさまざまなバージョンで見せたり、壮観なパノラマ写真を見せたり、30メートルもの長さの文章を見せたりしている。そうした映画のようなプレゼンは感動的だ。（だけど、オンラインに載せるときにどう編集するかは考えものだ。いまのところ、一般に普及しているフォーマットは16対9と4対3の画面なので、ライブでは感動が伝わっても、オンラインでその感動を伝えるのが難しい）。

3　多感覚のシミュレーション

2Dの視覚とステレオ音響を超えようとする講演者もいる。ステージで料理を披露して、美味しそうな香りを会場に充満させたシェフもいた。試作品を配って、観客に匂いを嗅いでもらったり、味見してもらったりする講演者もいる。ウッディ・ノリスは、ハイパーソニックサウンドという発明品を見せ、ステージから狙った客席だけに音が届くことを実演して見せた。3Dカメラを発明したスティーブ・シュクラーは、3Dメガネを配って、スポーツ観戦を3Dで体験させてくれた。調香師のルカ・チューリンは装置を使って会場にいろいろな香りを漂わせた。この手のジャンルにとらわれないトークは面白いけれど、3Dを除けば、多感覚の実演が使えるトピックは限られる。

とはいえ、TED2015でデイビッド・イーグルマンはテクノロジーによって新しい感覚が生み出されることを証明した。さまざまな現象を電子的なパターンにして脳につなげることで、たとえば天気や株式市場などを感覚的に認識できるようになると語ったのだ。未来のカンファレンスでは、観客が電子ベストを着て講演者の頭の中を直接体験できるようになるかもしれない。もしそれを発明できる人がいたら、ぜひ教えてほしい。

4 生ポッドキャスト

TED2015の目玉のひとつが、デザインの巨匠ローマン・マーズによるトークだった。彼はマイクを持ってステージに上るかわりに、ミキサー台の後ろに座った。そしてこう切り出した。「きっとこう思ってますよね。『なんでアイツ座ってるんだ？』って。それは、ラジオだからです！」。音楽が流れ、番組がはじまる。マーズは人気のポッドキャスト「99パーセント・インビジブル」の司会者だ。彼はトークの最初から最後まで、ポッドキャストを生放送しているように見せていた。トークの間に数々の曲や画像を一瞬ずつ挟んでいた。この形式が、トークを生き生きとさせていた。スーパーDJのロンソンは、ミキサー台を小道具に使っていた。しかも、ラジオの人気番組ホストのアイラ・グラスの生番組の一部を、iPadを通してトークに交えていた。

実際には、このテクニックは普通の人には使えないけれど、これ自体がひとつの芸術ジャンルとして成り立つと思う。登壇者をＤＪに見立てて、リアルタイムでさまざまなソースから生のアイデアを混ぜ合わせる形式だ。この技を身につけられるなら、試してみる価値はある。

5　画像付きインタビュー

インタビューは十分にトークのかわりになる。インタビューなら、こんなことができる。

- ひとつのスルーラインに添わなくても、その人の仕事や人生について複数のトピックを語れる
- トークよりも深く突っ込んだ話ができる（相手が有名人ならなおさらそうだ。というのも、有名人の場合は本人以外が原稿を書くことが多いからだ）。

ＴＥＤではインタビュー形式を実験してきた。インタビューする人とされる人の両方が準備をするが、これまでのインタビューとは違って、その瞬間を鋭く切り取ることを心掛けている。お互いが事前に練ってきた会話に、一連の画像を組み合わせる。画像は、インタビューのさまざまなトピックを示す章の見出しのようなもので、会話に関連する新しいポイントを付け加えている。

僕がイーロン・マスクをインタビューしたとき、彼に頼んで主要なトピックを描き出すような貴重な動画を送ってもらった。たとえば、再利用可能なロケット製造についてのビデオだ。そして話がそのことに及ぶと、関連するビデオを流し、彼に説明してもらった。これでインタビューにスピード感と多様性が生まれた。

ビル・ゲイツとメリンダ・ゲイツに慈善活動についてインタビューしたときもまた、公衆衛生に関わったきっかけを示す写真や、慈善活動を決意したときの画像を送ってもらった。それぞれにとって大きな意味を持つグラフや画像も送ってもらった。遺産についても聞きたかったので、家族の写真もそこに入れてもらった。そうした画像のおかげで、インタビューがはるかに親しみのあるものになった。

この形式は、トークとインタビューの両方のいいとこどりだ。インタビューされる側は自分にとって大切なアイデアをどんな構成で伝えるかを深く考えられる。しどろもどろになったり、言葉が出なくなったりするリスクも減る。この形式でもさまざまなイノベーションが考えられる。たとえば、話し手がホストにスライドを見せながらカジュアルなトークをし、ホストは疑問に思う点をトーク中でもその場で尋ねるといったことだ。

6　トークパフォーマンス

1970年代から80年代にかけて、インパクトの強い新たな芸術ジャンルがアフリカ系アメリカ人コミュニティから生まれ、ポップカルチャーになった。それは、話し言葉による詩的なパフォーマンスだ。たいていはストーリーテリングと繊細な言葉あそびが組み合わせになっている。このジャンルのアーティストは、伝統的なパブリックスピーキングの延長線上にいる。彼らはこの本に紹介したやり方で「説明」したり、「説得」したりすることはない。もっと詩的で原始的な言葉を使う。人を活気づけ、動かし、教え、感動させる言葉だ。

言葉によるパフォーマンスとパブリックスピーキングを交ぜ合わせる方法はたくさんある。サラ・ケイ、クリント・スミス、マルコム・ロンドン、スヘア・ハマッド、シェイン・コイザン、そしてリーブスはＴＥＤで忘れられないトークパフォーマンスを披露してくれた。だけど、これは軽い気持ちで取り組めるものじゃない。下手な言葉のパフォーマンスは、聞き手にとっては拷問だ。

7　ビデオでつづる詩

カナダの詩人、トム・コニーブスは、ビデオ詩を「文章と音楽を詩的に組み合わせた画像」と言っている。文章、ライブ画像、アニメーション、ナレーションなど考えられる限りすべてのものが組み合わせられ、動画を通してさまざまなビデオ詩の形式が実験されている。このジャンルはトークをパッと明るくしてくれる。有名な詩人だったビリー・コリンズがＴＥＤに来たとき、動画になった５つの作品を見せてくれた。もともと力強かった彼の言葉が、アニメーションによってさらに強まっていた。シェーン・コージアンのトークパフォーマンスでは、80人のアニメーターによってクラウドソースされたビデオが背景に流れ、トークを引き立てていた。ビデオ詩のライブ実験には、トークの一部としても、パフォーマンスそのものとしても、大きな可能性がある。

8　サウンドトラック

ほとんどすべての映画にサウンドトラックがあるのはなぜだろう？　音楽が感情を盛り上げるからだ。特別に大切な瞬間を教えてくれるからだ。ドラマ、悲しみ、欲望、興奮、希望をかき立てるからだ。だったらトークに使ってもいいのでは？

これを試した登壇者もいる。ジョン・ロンソンがサイコパスを装って精神病院に収監された犯罪者の話をしている間、ジュリアン・トレジャーがステージの後ろで効果音を流していた。雑誌コンテンツをライブパフォーマンスに変えようとしているポップアップマガジンは生の弦楽カルテットやジャズトリオをストーリーに添えている。ラティフ・ナッサーが、痛みの緩和にイノベーションをもたらした人物の隠れたストーリーを話したときもそうだった。

この方向に向かうと、リハーサルにものすごい労力がいるし、それ以上に、これがパフォーマンスであって、その瞬間に生まれるトークではないことを印象づけてしまう危険がある。すると観客との距離が開いてしまう。しかも多くの場合、音楽が流れると観客は感情を操られているように感じる。
それでも、この分野でいろいろな実験ができることは確かだ。たとえば、ライブのトークに合わせて、ミュージシャンが即興で演奏してもいい。逆に、わざとパフォーマンスの側面を強調してみてもいい。

9 レッシグ方式

法学者のローレンス・レッシグは、ユニークなやり方を編み出した。パワーポイント増強法と言ってもいいだろう。文章ごと、言葉ごとに、それを強調するような言葉、写真、イラストなどの新しいビジュアルが流れる。例として、TED2013の彼のトークから18秒の文章を紹介しよう。／／の場所にスライドが入る。

アメリカ議会は別のものに依存するようになりました／／もう一般の人だけには依存せず／／資金提供者にますます依存するようになっています。／／もちろん、依存といっても、これは／／一般の人々への依存／／とは違いますし相反するものでもあります。／／だって／／資金提供者は一般の人じゃないわけですから。／／これは腐敗です／／

こんなのがうまくいくはずはない。嵐のように替わっていく彼のスライドは、どんなデザインの原則にも反してる。でもレッシグの手にかかると、観客はスライドにくぎづけになる。彼の選ぶフォント、フォーマット、画像はどれも知的で優雅だし、見る人をただただ感動させる。この方法をはじめたのは、テックカンファレンスで自分が話しているときに観客がスマートフォンをいじっているのがほとほといやになったからだと言う。目をそらす暇を与えたくなかったのだ。

レッシグのこのスタイルはほかのどんな講演者とも違っていたので、レッシグメソッドと呼ばれるようになった。我こそはと思う人は、真似をしてみてもいい。でも準備とリハーサルに十分時間をかけること。そして、もう一度言うが、注意してほしい。この方法の見事さはディテールとつなぎのタイミングにある。下手な人がやるとギクシャクして高飛車な印象を与えてしまう。

10　2人で話す

普通は2人以上で話すことはおすすめしない。観客が話し手とつながりを感じにくくなるからだ。観客はどちらを見ていいのかわからず、どちらの講演者とも深いつながりを持てないように思える。だけど、2人の講演者のやりとりから、微妙なニュアンスが加わることもたまにある。ベバリーとデレック・ジュベールはヒョウやその他の野生のネコ科動物との人生をかけた関わりを語ってくれたが、その2人の間にはっきりと見える愛情と尊敬は、それ自体が感動的だった。

ここにもイノベーションの余地は大きいと思っている。2人の話し手によるトークの場合、話していないほうの登壇者はぼーっと立って相手を見ていることがほとんどだ。でも、それ以外にできることは多い。

- ジェスチャーを見せる
- 演じる
- 楽器を演奏したり、パーカッションを叩いたりする
- スケッチしたり、絵を描いたりする
- 言葉を挟む

レッシグ教授に双子の弟がいたなら、お互いに言葉を継ぎたしてインパクトが2倍になっていただろう。

もちろんリスクは大きい。話し手が2人いると準備がはるかに複雑になる。それぞれが相手に頼り、言葉やつなぎが棒読みになってしまいがちだ。このやり方が自然で、お互いを深く信頼し、息がぴったりの2人でないとおすすめしない。でも僕はここにも可能性があると思う。

11　新しいディベート形式

2人の講演者を同時にステージに上げるとしたら、2人が反対の立場に立っているほうが面白い。アイデアを理解するには、反対意見がなによりも役に立つ。さまざまなディベート形式でトークを盛り上げることはできる。なかでも、2対2のオックスフォードユニオン形式は最高だ。7分ごとに話し手は立場を変える。モデレーターか観客が参加したあと、それぞれが2分でまとめ、観客が勝ち負けを決める（この様子はIntelligenceSquaredUS.org.という秀逸なサイトで見られる）。

これ以外にもさまざまな形式があるし、僕はここにもイノベーションを期待している。たとえば、法廷形式で、それぞれが鋭い質問を投げて「証人」を尋問してもいい。今後のTEDイベントでは、もっとディベート形式を導入するつもりだ。

12　連続スライド

写真家、アーティスト、デザイナーのトークの多くは、一連のスライドを見せてそれぞれの作品について話す形式だ。いいやり方だけど、それぞれのスライドに時間をかけすぎてしまうきらいがある。あなたの仕事がビジュアル中心なら、言葉よりもビジュアルをたくさん使ってほしい。だから、スライドの数を増やして説明を減らしたほうがいい。

これをシステム化しようという試みは多い。たとえば、ペチャクチャイベントでは20枚のスライドを1枚20秒以内で説明することになっている。スライドは自動送りになるので、登壇者は必死で追いつこうとする。「ギークのイベント」を自称するイグナイトも同じような形式だが、こちらはスライド1枚につき15秒しか与えられない。どちらも素晴らしく、テンポの速いイベントだ。

でもまだイノベーションの余地はある。すべてのスライドが同じ時間でなくてもいい。100枚のスライドを6分で見せるようなプレゼンテーションでもいい。そのうち12枚はそれぞれ20秒で「立ち止まって」説明し、残りは1秒で送ってサウンドトラックをつけてもいいし、音声なしでもいい。

13　展示ライブ

連続スライドの延長線上にある究極の形は言葉のないトークだ。言葉のかわりにあなたの作品にどっぷりと浸ってもらう。たとえば、あなたが写真家かアーティストかデザイナーで、世界最高の美術館のメインホールで展示のチャンスを与えられたとしよう。あなたならどんな体験にしたい？　人々が作品から作品に移り、完璧なライトがあたり、作品にはその背景を説明するよく練られた文章がついている。だとしたら、その体験をステージ上で生で再現してみてはどうだろう？

トークを言葉だと思わず、期待や洞察をかき立てるものだと考えてほしい。言葉はキャプションにも、道しるべ（読む人に大まかな内容を教えてくれる言葉やフレーズ）にも、詩にもなる。沈黙で作品を囲んでもいい。そう、沈黙だ。見事ななにかがあるなら、それを立てかけ、見せ、あとは黙っているのがいちばんいい。

前にも紹介したが、動く彫刻を制作するルーベン・マーゴリンは、その達人だ。30秒の展示会で、彼が口にしたのはこれだけだ。「一粒の雨のしずくが振幅を増していく」。その言葉を沈黙が囲み、スクリーンには波のような動きが映り、観客はその美しさに圧倒され言葉を失った。

写真家のフラン・ランティングは地球上の生命の進化を描いた写真をもとにパフォーマンスを組み立てた。見とれてしまうような写真が先に映され、フィリップグラスのサウンドトラックが流れ、フランが柔らかい声で命のストーリーを語った。

今ではライトやサラウンド音響やハイレゾ映像といった先端技術を舞台で使えるのに、世界最高のビジュアルアーティストがそれを利用しないのはもったいない。彼らは観客を作品にどう没頭させるかを考えず、「トーク」をしなくちゃいけないと思い込んでいる。僕の希望は、もっと見せてくれることだ。言葉は少なくていい。

14　意外な登場人物

だれかについて非凡なストーリーをしたあとに、本人をステージに登場させると、さらにインパクトが強まる。

TED2014でMITのヒュー・ハー教授は、エイドリアン・ハスケット-デイビスのために新型のバイオニクス義肢をつくったときのことを語った。社交ダンサーだったエイドリアンは、2013年のボストンマラソン事件で片足を失っていた。エイドリアンはそのステージで、事件以来初めて人前でダンスを披露し、観客はその姿に言葉を失った。

TEDリオ・デ・ラ・プラタで、クリスティーナ・ドメネクは刑務所で詩作を教えた経験を語った。このイベントに参加するために一時的に許可を与えられた受刑者のマーティン・ブスタマンテが生で詩を読み、トークは一層盛り上がった。

この手法は、登場人物が本当にトークに貢献できる場合にうまくいく。そうでなければ観客席にいるその人にお礼を言うだけでいい。ステージに上げてただ挨拶させるだけでは違和感が残る。

15 バーチャルなトーク

テクノロジーのおかげで講演者をステージに呼ぶ新たな方法が生まれている。2015年6月、自己啓発コーチのトニー・ロビンズはメルボルンのビジネスカンファレンスに登壇した。ただし、はるばるオーストラリアまで飛んだわけじゃない。3Dホログラムで姿を現したのだ。主催者はホログラムも実物と同じくらい強いインパクトがあったと言っていた。

政府を内部告発したエドワード・スノーデンを2014年にTEDに招いたとき、ひとつ問題があった。スノーデンはモスクワに滞在中で、逮捕を恐れてバンクーバーに来られなかった。僕たちはビームプロという通信ロボットに彼をつないだ。これで、彼の登場はさらにドラマチックになった。休憩時間にスノーデンロボットは廊下で参加者たちとしゃべったり写真を撮ったりしていた（#SelfiesWithSnowdenがツイッターでトレンドになった）。

もちろん、どちらもテクノロジーの目新しさがトークに面白みを加えていた。でもテクノロジーは日進月歩だ。TEDの成功で意外だったのはオンラインのトークも生のトークと同じくらいインパクトがあったことだ。ホログラムや通信ロボットを通した登壇が、完全なインパクトを残せないはずはない。

可能性は無限だ。たとえば、2013年のTEDで、作曲家のエリック・ウィテカーはある曲を発表してくれたが、それを歌ってくれたのはステージ上にいた合唱団だけじゃなかった。スカイプを使った特殊なテクノロジーのおかげで、30の異なる国の音楽家がライブで合唱に加わったのだ。彼らがスクリーンに現れ、歌でひとつになったとき、インターネットの接続と、心からの音楽と、手を貸してくれた人々のおかげで、分断された世界に一瞬だけ橋がかかったように感じた。観客席を見回すと、たくさんの人が頬を涙で濡らしていた。

これからは、こんな実験がたくさん見られるようになるだろう。イノベーションは、これまでにない方法で人を集めてくれる。本物のロボットがステージに上り、自分で書いたトークをする日は遠くない（それに向けて僕らは鋭意努力中だ）。

16 観客のいないトーク

究極のイノベーションは、ステージで起きることを変えることではなく、ステージそのものをなくすことかもしれない。劇場も、観客も、主催者も、全部まとめてとり去ってしまうことだ。僕たちは今、つながり合った世界に生きている。インターネットのおかげで僕たちは大勢の人と生でもビデオでも通じ合える。世界中の観客に比べたら、会場に集まれる人数ははるかに少ない。だとしたら、世界中の観客に直接届けるようにトークをつくったらどうだろう？

スウェーデンの統計学者ハンス・ロスリングはこれまでに何度も見事なトークを披露し、その再生回数は合計で２０００万回を超えている。なかでもいちばん人気のトークはステージ上で行われたものじゃない。誰もいない倉庫の中でＢＢＣが撮った映像に、ロスリングのお得意のグラフィックを後で付け加えたものだ。

だれもがビデオカメラや編集ツールに手が届く今の時代に、数多くのトークが直接インターネットに投稿されるトレンドは止まらないだろう。オープンＴＥＤプロジェクト（20章の終わりに説明する）はこのトレンドに乗ることを狙っている。

といっても、実際にひとつの場所に集まってくる人々の力には変えられない。古代から続くリアルな人間同士の接触には、はるかに多くの利点がある。それでも、ビデオトークは、素早い実験とイノベーションと学習の素晴らしい遊び場になるだろう。

僕は、パブリックスピーキングがこれからどう進化していくかに、ありえないほど興奮している。でも同時に警告しておきたい。これまでに語ったイノベーションの多くはインパクトの強いものかもしれないけれど、使いすぎてはいけない。人と人との基本的なコミュニケーションの技術は何万年も前に生まれ、僕たちの中に深く刷り込まれている。先端のツールを探す中で、必要なものまで捨て去らないよう注意しなくちゃいけない。人間の注意力は脆い。余分なものを加えすぎると、いちばん大事なトークの力が失われてしまう。

イノベーションの精神は大切にしたほうがいい。パブリックスピーキングの技を進化させる素晴らしいチャンスがそこにはある。でも、形式より中身が大事だということも忘れないでほしい。結局、トークとはアイデアだから。

考察

Reflection

19

Reflection

Talk Renaissance

パブリック・スピーキング革命

知識のつながり

これだけはわかってほしい。パブリック・スピーキングのスキルは今も重要だけど、これから先はもっともっと重要になる。

世界がますますつながりを増す中で、古代から続く人類の力のひとつが、この時代にふたたび生まれ変わろうとしている。アイデアを誰かに伝えるスキルは、今以上にこれから絶対に欠かせないものになる。それは、こんな人にとって必須のスキルになる。

- 自信をつけたい子供
- 学校を出て意味のあるキャリアをはじめようとしている人
- 仕事で昇進したい人
- 社会問題を気にかける人
- いい評判を築きたい人
- 同じ情熱を持つ世界中の人とつながりたい人

- 行動を促して世界にインパクトを与えたい人
- 伝説を残したい人
- とにかく誰でも

これを証明するには、僕自身のこの数十年の道のりを語るのがいちばんいいと思う。優れたパブリック・スピーキングがなぜ重要なのか、それがこれからどうなっていくのかについて、僕の考え方はこの数十年でがらりと変わった。1998年2月18日水曜日のカリフォルニア州モントレーに戻ろう。僕が初めてTEDカンファレンスに足を踏み入れた日だ。

当時の僕は、カンファレンスは必要悪だと思っていた。業界の人に会うために、つまらない登壇者やプレゼンテーションに何時間も付き合わなくちゃならない。でも僕のいい友達ですごい人脈を持っているサニー・ベイツが、TEDは違うし、一度来てみろと勧めてくれた。

初日はちょっと戸惑った。ソフトウェア・プログラマー、海洋生物学者、建築家、テクノロジー起業家、グラフィックデザイナーの短いトークを聞いた。それなりに面白かった。でも、彼らの話が僕になんの関係があるのかと思っていた。僕はメディアの人間だ。雑誌をつくるのが仕事だ。この話が僕の仕事の成功をどう助けてくれるんだろう？

1964年にTEDがはじまったとき、リチャード・「リッキー」・ワーマンと共同創立者のハリー・マークスは、テクノロジーとエンタテインメントとデザイン産業（その頭文字が

ＴＥＤ）はこれからひとつになっていくだろうと予想していた。それは確かだった。その年はアップルのマッキントッシュコンピュータが発売され、ソニーが初めてコンパクトディスクを披露した年だった。どちらの製品もこの３つの産業に深く根付いていた。この３つの分野を結び付けたらほかにどんな可能性が生まれるのだろうと考えると、ワクワクした。テクノロジーの専門家が、人間志向のデザイナーや創造性豊かなエンターテナーのアイデアを聞いたら、製品がより魅力的になるかもしれない。建築家やデザイナーやエンタテインメント業界のリーダーは、テクノロジーの進化を理解することで可能性を広げられるかもしれない。

その勘は正しかった。滑り出しは不安定で創立者間の衝突もあったけれど（ハリーは50パーセントの持ち分をリッキーに売却することになった）、１９９０年代にＣＤ－ＲＯＭを通したマルチメディアや、ワイアード誌や初期のインターネットが普及していくにつれ、ＴＥＤは本格的に人気が出はじめた。ＴＥＤ以前に、リッキーは「情報アーキテクチャ」という言葉を生み出し、隠れた知識を拡散させることにとりつかれていた。リッキーは、登壇者が自分のアイデアを意外な視点で見ることを助け、その分野の専門家でない人が楽しめたり、関連を見つけられるようにした。リッキーのもうひとつの特徴が、間接的にＴＥＤの成功の核になっていた。それはせっかちなことだ。

リッキーはトークが長いとすぐに飽きた。ＴＥＤが拡大するにつれ、登壇者の制限時間はどんどん短くなった。しかも、話が長くなるとリッキーは勝手にステージに上ってトークを遮っていた。質問も禁止した。観客が質問のふりをして自分を宣伝するのを聞くくらいなら、もうひとり登壇者を増やすほうがいいと思っていたのだ。それをいやがる人もいたかもしれないが、観客全体の体験は、そのほうがはるかによかった。プログラムがテンポよく進むからだ。たまにつまらないトークがあっても、すぐに終わると思えば耐えられた。

TEDの2日目には、短いトーク形式の良さが本当にわかりはじめた。僕や僕の仕事との関わりはまだよくわからなかったけれど、多くのトピックに触れられた。女子向けビデオゲーム、椅子のデザイン、3Dで情報を探っていく新しい方法、太陽光で動く航空機などだ。すべてが素早く、急ぎ足で次につながっていた。世界にどれだけ違うタイプの専門家がいるのかを知って、心が躍った。そして、なにかが弾けはじめていた。ある分野の登壇者のコメントが、前の日にまったく違う分野のだれかが言ったことにどこか重なっていた。それがなんなのか、はっきりとは言えなかったけれど、僕はワクワクしはじめていた。

ほとんどのカンファレンスはひとつの業界か、ひとつの専門分野に限られている。そこでは全員が同じ言葉を使い、基礎知識を共有しているので、講演者は具体的な新発見を深く掘り下げて説明できる。でも内容も観客も広くさまざまな場合には、登壇者はニッチなトピックを深く掘り下げることを狙わない。自分の仕事を他人に理解してもらうのが目的になる。なぜそれが興味深いのかを見せる。なぜそれが大切なのかを知らせる。普通は20分以内でそれができる。専門外の人間は、おそらくそのくらいの時間しか聞いていられない。大学の講義や自分の専門分野の話なら45分から1時間くらいは聞いてもいい。でも仕事と直接関係のないことにそんな時間を使うだろうか？　ありえない。みんなそれほど暇じゃない。

3日目、不思議なことが起きた。刺激を受けすぎた僕の脳が雷みたいにビリビリと火花を散らしはじめたのだ。新しい登壇者がステージに上って話すたび、知恵の稲妻に打たれたように感じた。あるトークのアイデアが、2日前に聞いたなにかにつながってゾクゾクした。

そして、エイミー・マランスが登壇した。

エイミーは1歳のときに両足を切断していたが、だからといって人生を100パーセント謳歌することをやめなかった。彼女はステージに座って、3年前の大学1年のときに、美しいスプリンター用の義足を付けて初めて短距離走に挑戦したこと、そしてパラリンピックのアメリカ代表に選ばれたことを話してくれた。彼女はそこで何気なく義肢を外し、その場に応じて簡単に義肢を付け替えられることを見せてくれた。

エイミーが驚くべき成功と恥ずかしい失敗について話している間、僕は会場の後ろのほうに座って、涙が頬を流れていることに自分で驚いていた。彼女は本当に生き生きとして可能性に満ちていた。その週に僕が何度も感じたことを、彼女は象徴しているようだった。それは自分の未来は自分でつくれるということだ。どんな運命にあっても、未来を自分でつくれるし、そうすることで他の人にも役立つことができるんだ。

カンファレンスが終わる頃には、なぜみんなにとってこのイベントが特別なのかがわかった。

僕はそこで見たこと聞いたことのすべてに感激していた。これまで感じたことのないほど大きな可能性を感じていた。僕はやっと故郷に帰ったような気持ちになっていた。

2年後にリッキー・ワーマンがカンファレンスを売却しようとしていると聞いて、引き継ごうかどうしようかと悩みまくった。ずっと起業家として生きてきた僕のマントラは、情熱に従え、ということだ。僕の情熱じゃない。人々の情熱だ。人々が本当に深く情熱を傾けているなにかを見つけたら、そこにチャンスがあるという大きなヒントになる。だからこれまでに、コンピュータからマウンテンバイクからクロスステッチまで、いくつものホビイストの雑誌を創刊してきた。ほとんどの人には退屈なトピックでも、その趣味の人はこうした専門誌に熱狂してくれた。

僕がTEDで見たり体験したりした情熱は、これまでのどんなものよりすごかった。人生の中でありえないことをやってきた人たちが、このカンファレンスの週を毎年待ち望んでいると言っていた。当時は小規模な年1回のカンファレンスだったけど、その情熱からもっと大きななにかがつくれる気がした。

でも一方で、僕にとっては経験のない分野だし、僕よりはるかに大きく、尊大な人物の後を継ぐことになる。もし失敗したら？　大恥をかいてしまう。友達に相談し、いろいろな可能性を考えて夜も眠れず、それでも決心がつかなかった。

でも最後に背中を押したのは、ある本の文章だった。たまたまそのとき読んでいた本が、デイビッド・ドイチェの書いた『世界の究極理論は存在するか』（朝日新聞社）だ。その中で彼は、こう問いかけていた。知識が専門化しなければならないというのは、本当なのか？　より狭く、より深く知らなければ成功できないのか？　医療であれ、科学であれ、芸術であれ、あらゆる分野の専門家がそう言っているようだった。でもドイチェは、知識と理解を区別すべきだと主張していた。確かに、具体的な事実の知識は当然、専門化していくはずだ。でも理解はどうだろう？　違う。絶対に違う。

なにかを理解するには、それと反対の方向に向かわなければならない、とドイチェは言った。知識の統合が必要なのだ、と。彼は多くの例を挙げて、いくつかの分野の知識がひとつに結ばれることで、古い科学理論が、より深くより広い理論に置き換えられたと言っていた。たとえば、大昔の、地球を中心に個々の惑星がそれぞれに動き回っているとする複雑な理論は、太陽を中心にした太陽系という優雅な世界観に置き換えられた。

でもそれより、理解のカギは文脈を理解することにある、とドイチェは説いた。蜘蛛の巣のように広がる知識の網の中で、小さな結び目がどんな風に絡まり合っているかを理解するには、カメラを引いてもっと広い範囲で網のつながりを見ないといけない。大きなパターンを俯瞰してはじめて、実際に近くが理解できる。

ＴＥＤを欲しいと夢見ているときにこれを読んで、僕はひらめいた。これだ！　だからＴＥＤの体験にあれほどゾクゾクしたんだ。すべての知識が巨大な蜘蛛の巣のようにつながっている現実が、このカンファレンスに映し出されていたからだ。

ＴＥＤはすべての人に本物のなにかをもたらしていた。当時は必ずしも気づいてなかったかもしれないけれど、各分野の選りすぐりのアイデアを聞くことで、参加者は以前よりもはるかに深く物事を理解できるようになっていた。実際、個々のアイデアよりも、全体の組み合わせが大切で、それを既存のアイデアに足し合わせたらなにが起きるのかが、はるかに重要だった。

そう考えると、ＴＥＤはトークの題材が絶対に尽きないイベントだった。こんな風につながりを探究できるカンファレンスがほかにどれだけあるだろう？　しかも好奇心に満ちた参加者が、身近にインスピレーションを得られるような形でそれを追求できる場所があるだろうか？僕の知る限り、ＴＥＤしかなかった。

僕は飛行機に飛び乗って、リッキーと妻のグローリア・ナギーに会いに、ロードアイランド州のニューポートの自宅を訪れた。長くてややこしい話を短くすると、２００１年のおわりに、僕は15年かけて築いてきた会社を辞めて、誇らしくも少し不安なＴＥＤのキュレーターになった。

それ以来、僕は知識のつながりの重要性についてますます確信を深め、ＴＥＤをオリジナルのテクノロジー・エンタテインメント・デザインから人間の創造性と才能が宿るすべての分野に広げていった。この知識と理解についての考え方が、単にもっと面白いカンファレンスをつくるためのレシピだとは僕は思わない。それは、これからやってくる新しい世界で生き残り成長するためのカギだ。その証拠をここに挙げたい。

知識の時代

知識の価値と目的について、また教育システム全体を含めて知識をどう身につけるかについて、僕らはいまだに工業時代と同じ前提に立っている。当時、企業と国の成功の鍵は、大量生産の技術を開発することだった。これには深い専門知識が必要だった。工業規模の製造機械を建造し運用するには、機械工学が必要だった。大量の材料を効果的に製造するには、化学の知識も必要だった。

知識経済にはそれ以外のなにかが必要になる。これまで人間のものだった専門知識は、ますますコンピュータが扱うようになっている。石油は、地質学者が発見するのでなく、大量の地質データをコンピュータソフトウェアが解析し、パターンを探すことで発見されるようになっている。今どきの土木エンジニアは、新しい建物の荷重や強度の構造計算をしなくても、コンピュータモデルがやってくれる。

どんな職業も例外じゃない。僕はＩＢＭのワトソンが患者に6つの具体的な診断を下すデモを見た。医師は頭をひねって、もっとデータをとるためにさまざまな検査をするよう指示したのに、ワトソンはわずか数秒で４００件もの最新論文に目を通し、それぞれの症状にアルゴリズムをあてはめ、80パーセントの確率でめずらしい病名をはじき出したが、その病名を聞いたことがあったのは、医師の中でたったひとりだった。

そうなると、人間は落ち込みはじめる。機械が超賢くなってどんな専門知識でも持てたら、人間なんて必要なくなるのでは？　と自問するようになる。

これは大切な質問だ。そして答えは実際、ゾクゾクするほど刺激的だ。

人間はなんのために存在するのだろう？　人間は人間らしくあるために存在する。人間にしかできないやり方で働く。人間にしかできないやり方で学ぶ。人間にしかできないやり方で知識を伝え合う。

未来に広がる僕たち人間の果てしない可能性は、目を覚ますことにある。専門知識を使って同じ仕事を繰り返してきた長い歴史から、覚醒することだ。毎年米を収穫するために骨の折れる労働をしたり、製造ラインで頭を使わない退屈な作業に耐えたりして、人間はその歴史のほとんどで、同じことの繰り返しによって生計を立ててきた。

未来はそうはならない。自動化できるものや計算できるものはいずれ人間の手を離れる。今、僕たちはそれを恐れることもできるし、それをありがたく受け入れ、人生を豊かにするためのチャンスととらえることもできる。その道はどんなものだろう？　まだだれにもはっきりとはわからない。でもおそらくこんなことが考えられる。

システムとしての戦略的思考が増える。機械が退屈な仕事をやってくれるようになると、人間はそれをどうシステム化してお互いが効率よく働けるかを考えることが必要になる。

イノベーションが増える。つながりあった世界の膨大な力が人間の味方になり、純粋なイノベーションが生まれる。

創造性が高まる。ロボットがたくさんのものを製造してくれるようになると、人間の純粋な創造性を必要とするもの、たとえば発明、デザイン、音楽、芸術などが爆発的に増える。

人間ならではの価値がより活用される。さらに人間らしいサービスが花開く。ロボットの床屋を開発することはできても、それだけでは、スタイリスト兼セラピストとして話し相手になるような存在には変われない。未来の医師が人工知能に診断を助けてもらうことができれば、患者のおかれた状況をより深く理解するために、もっと時間を使えるようになる。

もしこうしたことが現実になれば、工業時代とは違う種類の知識が必要になるはずだ。いつでもどこでも、すぐにどんな専門知識でも手に入る世界を想像してほしい。スマートフォンがあれば、今でもそうなっている。今そうでないとしても、僕たちの子供の時代には必ずそうなる。では僕たちと子供たちは、未来のために何を学べばいいんだろう？

極度に専門化された知識を大量に詰め込むよりも、次のものが必要になる。

- 背景知識
- クリエイティブな知識
- 人間性に対する深い理解

背景知識とは、全体像を知ることで、部分がどうつながってひとつになっているかを知ることだ。

クリエイティブな知識は、さまざまな分野のクリエイティブな人たちに接することで得られる。

人間性に対する深い理解は、親や友達からは得られないし、心理学者、神経学者、歴史家、進化論の生物学者、人類学者、スピリチュアル指導者からも得られない。彼らすべての話を聞くことによって得られる。

この類の知識は、一流大学の有名な学者だけのものじゃない。大企業の社員研修で教えてくれるものでもない。ものすごく広い範囲の情報源から集められるものだ。

まさにそのことがパブリック・スピーキングの革命を後押しする強力なエンジンのひとつになっている。もっと多くの時間を使って、僕ら全員がお互いから学ぶべき時代に突入しつつある。それはつまり、これまでよりもはるかに多くの人たちが、この集合的なプロセスに貢献できるという意味だ。独自の作品やユニークな知見を持つ人ならだれでも、このプロセスに積極的に参加できる。あなたもだ。

でも、どうしたらそれができるだろう？　あなたが卓越した宇宙物理学者であれ、才能ある石工であれ、人生の賢人であれ、僕たちはあなたが知っていることのすべてを学ぶ必要はない。

当然だ。すべてを学ぶには何年もかかってしまう。

でも、あなたの仕事がそのほかのすべてとどうつながっているかは知りたい。だからその仕事のエッセンスを、僕にわかるように説明してもらえるだろうか？　あなたの仕事のプロセスを素人の言葉で教えてもらえるだろうか？　なぜそれが大切かを説明できるだろうか？

もしそれができたら、あなたは僕の世界観を広げられる。それ以外のことも起きるかもしれない。僕の中に眠っていた創造性やインスピレーションを呼び覚ましてくれる。分野によって知識は違っても、それらはみんなつながっている。そしてお互いに呼応している。つまり、あなたの説明の中のなにかが、僕にものすごいひらめきを与えてくれたり、僕の中に新しい考えを生み出したりするということだ。そうやってお互いが火花を散らし、アイデアが形成されていく。

これからの知識の時代に要求されるのはこれまでとは違う種類の知識だ。自分の専門外の知識に人々は触発され、その中で世界と自分の役割をより深く理解するようになる。このことが、パブリック・スピーキング革命のひとつ目の大きな原動力になる。

でもそれだけじゃない。

20
Reflection
Why This Matters

なぜそれが大切なのか

人のつながり

パブリック・スピーキング革命の2つ目の原動力は、すべての人間をつなぐ壮大なテクノロジーの転換だ。つまりインターネット、特にオンライン動画の普及だ。ここで僕たちの経験を語らせてほしい。というのも、1年もしない間にオンライン動画がTEDのあり方を根底から変え、知識を新しい形で共有する先駆者的な存在にしたからだ。

TEDが非営利組織だということが、僕たちの大きな促進剤になった。普通なら非営利組織がイノベーションの原動力になるとは考えにくいけれど、この場合はそれがすごく役立った。なぜなのかを説明させてほしい。

雑誌の仕事をしているとき、僕は非営利財団にお金を入れて社会に還元しはじめた。TEDを買収したのはこの財団だった。僕自身は財団から給料をもらっていない。これを金儲けの手段にしていないことをはっきりさせるためだ。だから、世界に信頼してもらえる形で、こう言いやすくなった。

「アイデアを発見して共有するための新しい取り組みに協力して下さい」と。参加者は大金を払ってTEDカンファレンスに参加するわけだし、登壇者には無料で話してもらっている。彼らがだれかの懐を肥やしているのではなく、社会に貢献していることがわかれば、話すほうも聞くほうもずっと参加しやすくなる。

では、どうしたらTEDがいちばん社会に貢献できるだろう？

TEDを受け継いで以来、少人数の運営グループはこのことをいつも考えてきた。TEDはそれまで内輪のカンファレンスだった。来てくれた参加者は感動していたけれど、その体験をどう広げていったらいいのかがわからなかった。非営利組織としての使命を果たそうと、最初のうちはお金を払えない人にフェロープログラム*を提供したり、グローバルな社会問題に焦点をあてたり、感動を行動につなげるためにTED賞を設立して参加者が受賞者を支援できるようにしてみたりもした。

だけどある時点で、TEDのコンテンツを拡散する方法を見つけたほうがいいと感じるようになった。ここで表現されたアイデアや洞察を、もっと幅広く一般に伝えるべきだと思ったのだ。2005年のはじめにこの問題を解くキーパーソンに出会った。ジューン・コーエンはウェブの新技術をいくつも内側から知っていた。ジューンは世界初のオンライン広告雑誌のホッ

＊トム・ライリーがリーダーとなってTEDフェローズプログラムはこの10年に400人を超えるフェローを集め、彼らがグローバルな人材ネットワークとなってこのところのTEDカンファレンスを盛り上げてくれている。

トワイアードを開発したチームの主要メンバーで、優れたウェブサイトを構築するための本も書いていた。僕と同じ年にＴＥＤに参加しはじめて、僕と同じように夢中になり、刺激的で価値のある会話をいつも交わしていた。

できたばかりの僕らのチームにジューンが加わり、ＴＥＤのコンテンツを拡散するために当然考えられる戦略に乗り出した。これまでのＴＥＤカンファレンスはすべて録画されていたし、これだけケーブルチャンネルがあるのだから週1の番組として放送してくれる局が絶対あるはずだ。僕らはパイロット版をつくり、ジューンはいろんな人に熱心に売り込んだ。テレビ界の反応は？

なにそれ。

スピーチなんてテレビ番組としては退屈だ。何度もそう言われた。スピーチが退屈なんじゃなくて、退屈なことを話しているスピーチが問題なんだとも訴えてみた。でもだれも聞き入れてくれなかった。

一方で世界のインフラには深い変化が起きていた。インターネットの爆発的な拡大にチャンスを見出した通信会社が莫大な資金を光ファイバーやその他の回線容量の改善に投資しはじめた。そのおかげで、はじめはまったく注目されていなかったテクノロジーが開発された。オンライン動画だ。スクリーンの片隅にちらついている珍しいものだったオンライン動画は、2005年には実際に見られるものになっていた。ユーチューブというニッチなサイトが立ち上がり、一般人がつくった短いビデオが投稿され、ビデオの多くは子ネコが主役だった。素人っぽいビデオばかりだったけれど、ものすごい勢いで拡大していった。

２００５年11月にジューンが僕のところに来て、過激な提案をした。いったんテレビは後回しにして、トークのビデオをオンラインで拡散しようというのだ。

一見ありえないアイデアだった。オンライン動画の画質が悪かったことを別にしても、どうやってお金にするのかがまったく見えなかった。僕らのコンテンツをタダで提供するようなリスクをとっていいのか？　じゃあ、ＴＥＤカンファレンスの参加者はなんのために大金を払うんだ？

一方で、それは社会のためにアイデアを拡散するというＴＥＤの使命を前進させる大きな一歩になりそうだった。しかもテレビ局に頼らずに配信をコントロールできるのは魅力だった。少なくとも実験してみる価値はある。

そこで、２００６年６月22日に６本のトークをＴＥＤのサイトに上げた。当時、ＴＥＤドットコムには１日に１０００人ほどの訪問者がいて、その人たちのほとんどは過去と今後のカンファレンスの詳細をチェックしていただけだった。トークを公開することで、訪問者数が５倍になって、１年に２００万回も再生されれば御の字だと思っていた。

公開初日は１万ビューが集まった。新しいメディアはだいたいそうだが、はじめの関心が薄れたら、ページビューはすぐに下がるだろうと僕は踏んでいた。でも逆だった。たった３カ月で再生回数は100万回に達し、その数は上がり続けた。

もっとうれしかったのは、視聴者からの反応だ。オンラインの動画は生で見るほど強いインパクトはないだろうと僕たちは思っていた。オンラインではほかにも気が散ることがたくさんあるので、小さなスクリーンで見る動画にそれほど集中を保てるはずがない。でも視聴者からの熱烈なコメントに僕らは驚き、喜んだ。すごい！　鳥肌もの！　クールで感動した。複雑なグラフィックをこれほどうまくプレゼンしているのを見たのは初めて。泣いた……。

カンファレスで経験した情熱が、突然パッと広がったようだった。それは、ひとつの事を指していた。僕たちのベストトークを全部公開したほうがいい。2007年3月、僕たちはサイトを立ち上げ直し、100本のトークを公開した。それ以来、TEDは年次カンファレンスというよりも、「価値あるアイデアを広める」ことに力を注ぐメディア組織になっている。

それから、コンテンツを無料で拡散したらカンファレンスにお金を払う人がいなくなってしまうかもしれないという心配はどうなったかって？　実際には反対のことが起きた。カンファレンスの参加者は、素晴らしいトークを友達や仲間と共有できることを喜び、トークが拡散するにつれカンファレンスへの申込みも増えていった。

8年後、TEDトークへの興味は世界中に拡大した。僕らにとっては意外でうれしいことに、何百人もの登壇者、何千人というボランティア通訳者、何万人もの地域主催者のおかげで、TEDはアイデアを発見し広めるためのグローバルなプラットフォームになった。**　2015年の終わりにはＴＥＤトークは毎月1億回、つまり年に12億回も再生されている。もちろん、拡大したのはＴＥＤだけじゃない。ほかのたくさんの組織が動画でアイデアを広めている。オンライン教育は爆発的に成長した。カーン・アカデミー、ＭＩＴ、スタンフォード大学その他数えきれないほどの機関が、信頼できるコンテンツを世界中の人々に無料で提供している。

一歩下がってその意味を考えると、かなり刺激的だ。まず、話し手の立場から考えよう。これまで、アイデアを広めたいと思えば、講演者は何年間も国中や大陸中を回り、観客の興味を引くために努力していた。現実に成功しようと思ったら、年におそらく１００回は講演し、１回平均５００人の前で話さなくちゃならなかった。年間5万人に語りかけるためには、死にそうなスケジュールとものすごい宣伝が必要だ。真剣なアイデアのある著者なら、本が5万部売れたら、大成功だろう。

でもオンラインなら1日でそのくらいの人数に達する。１０００人を超える登壇者が、１本のトークで１００万回を超える再生回数に達している。そうなると、影響力は比べものにならな

＊＊ＴＥＤのプラットフォームは、リアルなイベント（カナダ・バンクーバーで開催される年次ＴＥＤカンファレンスに加え、ＴＥＤグローバル、ＴＥＤユース、ＴＥＤウーマン、さまざまなサロンなど）とグローバルな各地域で独自に開催されるＴＥＤｘや多くのオンラインチャネル（TED.comに加えて、ユーチューブ、ｉＴｕｎｅｓ、ＮＰＲのＴＥＤラジオアワー、モバイルアプリ、数十の他組織とのコラボレーション）で構成されている。学生が運営するＴＥＤ‐教育プログラムのほか、ＴＥＤ賞、ＴＥＤフェローズプログラムもある。

ないほど大きいし、登壇者の多くがそのインパクトの大きさを認めている。

とはいえ、視聴者からすると、これはさらに刺激的な意味を持つ。これまでの歴史の中で、どの瞬間にどんな場所で生まれた人も、自分でコントロールできないあるひとつのことによって、可能性が限られていた。それは教師や指導者の質だ。アインシュタインほど頭のいい子供でも、もしドイツの暗黒時代に生まれていたら、科学の革命を起こすことはできなかっただろう。キューリー夫人ほど勇気のある女の子でも、20年前インドの田舎に生まれていたら、田んぼを耕しながら苦労して子供を育てていただろう。

でも今、歴史上はじめて、この地球上のだれもが、インターネットにつながってさえいれば世界最高の教師と指導者を自宅に呼べる。その潜在的な影響は信じられないほど大きい。

しかもそれは、話し手から聞き手への一方通行のコミュニケーションじゃない。オンライン動画は、僕たち全員がお互いから学び合える双方向の生態系をつくった点で、これまでになく深い意味がある。実際、僕は意外な人たちからこのことを学んだ。超絶ダンス集団ＬＸＤのマッド・チャッド、ジェイ・スムーズ、キッド・デイビッド、そしてリル「Ｃ」だ。彼らは２０１０年のＴＥＤのパフォーマンスで僕らをアッと言わせてくれた。でもそれより僕が衝撃を受けたのは、彼らがダンスの技の多くをユーチューブで学んでいたということだ。

プロデューサーのジョン・チューはこう語っていた。

ダンサーたちはグローバルなダンスの「研究室」をオンラインでつくり上げてきました。日本の子供がデトロイト発の動画から動きを学び、その上に動きを加えて、数日もしないうちに新しいビデオをアップすると、カリフォルニアのティーンがその日本のビデオを見てフィリーフレアと混ぜ合わせ、まったく新しい独特なスタイルをつくっています。それが毎日起きています。自分の部屋から、居間から、ガレージから、安いウェブカメラを使って、未来の世界的なダンサーが生まれているんです。

ユーチューブはある意味でグローバルなダンスのイノベーション競争に火をつけ、ダンスという芸術をものすごいスピードで進化させた。それに気づいたチューは、新しいダンサーをグループに引き入れるツールとしてユーチューブを使った。そうやって出来たLXDは人々に衝撃を与え、その年のアカデミー賞でもパフォーマンスを披露したほどだった。

チューの話を聞き、LXDを間近で見た僕は、同じ現象がパブリック・スピーキングに起きているんだとひらめいた。話し手はお互いのトークをオンラインで見て、学び、いいところを真似し、その上に自分だけのイノベーションを足していた。

実際には、動画で共有できるどんなスキルにも同じ現象が起きていた。デコレーションケーキのつくり方からジャグリングまで、どんなことでも。オンライン動画はそれまでになかった2つのことを提供してくれていた。

- 世界最高の才能を見せてくれる
- そこにあるものをさらにいいものにしようというインセンティブを与えてくれる

そのインセンティブは、ユーチューブのスターになりたいという気持ちだ。大勢の人に見られ、いいね！やコメントをもらいたいという気持ちから、何時間も何週間も必死に自分のスキルを完成させることだけに費やし、それをビデオに撮ってアップする。ユーチューブに行けば、一輪車からパルクールからビデオ詩からマインクラフトまで、何千というニッチなコミュニティがお互いに教え合いながらものすごいことをしているのが見られる。

この現象には名前がいる。僕はそれを「クラウド加速イノベーション」と呼ぶことにした。これがいちばんエキサイティングな形で起きているのが、アイデアの世界だ。

これまでは、観客の前で語られるトークのほとんどは、その場の参加者以外の目に触れなかった。今初めて、どんなトピックでも何千という講演をオンラインで見られる。再生回数やコメントを見ればトークの評判がわかるし、それであなたがいちばん見たいものを絞り込むことができる。

つまり、僕たちは突然、ものすごい研究室を手に入れたのだ。しかも世界中の人がこの研究室に参加する新しいインセンティブがある。数人の仕事仲間や地元のイベントで話すだけなら、必死で準備しようとは思わない。でも録画されてオンラインに載るとしたら話は別だ。数百万の視聴者に見られるかもしれない。だとしたら、準備にどれだけ時間をかけるだろう？

素晴らしい上昇スパイラルをつくり出すレシピがここにある。学びがイノベーションとなり、それが共有され、さらなる学びにつながるのだ。だからこそ、トーク革命はまだはじまったばかりだと僕は確信している。TEDでは、3つの方法でこれを育てている（サイトでトークを公開する以外に）。

｜ 地域のTEDxイベント

2009年、TED形式のイベントを地元で開催したい人たちに、無料でライセンスを提供しはじめた。それをTEDxと名付けた。xには独立の主催者がいるという意味と、相乗効果があるという意味を込めている。うれしいことに、何千人もの人がTEDxを主催してくれている。150を超える国で、毎年2500ものイベントが開かれている。そこから6万を超えるトークがユーチューブにアップされている。バイラルされるトークの数もますます増えてきた。職場ではできないトークがあるなら、地元のTEDx主催者に連絡してみるといい。それが最寄りの最高のステージになるかもしれない。

2　子供向けのプレゼン・リテラシー教室

僕たちはTED‐教育クラブという学校向けの無料プログラムを立ち上げ、先生が子供たちにTEDトークのチャンスを与えられるように教えている。13週間にわたる週1のセッションを通して、アイデアの選び方、調査のやり方、トークの準備と話し方のスキルを教えている。トークを完成させた子供が大きな自信と自尊心を身につける様子は感動的だ。プレゼン・リテラシーは、読み書きそろばんと並んで、すべての学校のカリキュラムの核になるべきだ。未来に向けて、それは生きていくために大切なスキルになるはずだ***。

3　自分でTEDトークをアップする

オープンTEDというプログラムを通してだれでも僕たちのサイトにTED形式のトークをアップロードできる。トークの内容だけでなく、トーク形式や手法についてのイノベーションは特に歓迎だ。どこかのだれかがきっと、アイデア共有の新しい優れた手法を見つけてくれるはずだと思っている。もしかしたらあなたかもしれない****。

今後10年で、数十億人が新たにオンラインにつながるにつれ、より多くの人が偉大な教師から学び、より良い人生を手に入れ、彼らの洞察やアイデアを僕らに教えてくれるようになると思うとワクワクする。今後30年で世界人口は100億に達する。怖気づくような数だ。でも、ただ消費が増えるだけでなく、知恵も増えると思えば、それほど怖がる必要もない。

パブリック・スピーキングの革命にはだれでも参加できる。お互いに真剣に耳を傾け、学び合うことができれば、未来はたくさんの可能性に輝いている。

＊＊＊TED-教育クラブの活動は、http://ed.ted.com.で見ることができる。
＊＊＊＊トークをアップする詳しい方法については、http://open.ted.com.を見てほしい。

21

Reflection

Your Turn

次はあなたの番

哲学者の秘密

僕の父は、宣教師の眼医者だった。パキスタン、アフガニスタン、ソマリアで失明の治療に人生を捧げ、同時にキリスト教を布教していた。僕がはじめてTEDに招いた登壇者のひとりを父が目にすることはなかったし、おそらくそれでよかった。それは哲学者のダン・デネットで、彼は有名な無神論者だ。父は、ほぼすべての点でデネットに反対していただろう。でも、ひとつだけ意見が一致する点がある。

ミームの力についての素晴らしいトークの中ほどで、デネットはこう言った。「幸せの秘訣は、自分よりもっと大切ななにかを見つけて、人生をそれに捧げること」

父ならこの言葉に深く賛成したはずだ。

デネットはアイデアの力を熱心に説いていた。人間の非凡な点や、人類だけが持つ能力に光を当てていた。人は重要なアイデアを追求するためなら、生物学的な欲求を抑えることもある。デネットは、そして父も僕もそうだが、その追求が、意味のある充実した人生のカギになると考えていた。

人間は奇妙な生き物だ。ある面では、ただ食べ、飲み、遊び、もっとたくさんのものを手に入れたがる。でも、快楽の踏み車の上の人生はつまらない。そこから降りて自分よりも大きなアイデアを追いかけることで、人は救われる。

あなたにどんなアイデアがあるか、僕はもちろん知らない。それに、おそらくあなた自身も知らない。

あなたの町の隠れたコミュニティに光を当てることもできるし、家族のだれかの知られざる歴史を調べてその勇気を広く知ってもらうこともできる。コミュニティの清掃日をつくってもいいし、海洋科学を深く探ったり、政治活動に没頭したり、新しいテクノロジーを開発したり、人の力を必要とする場所に旅したり、あなたが出会った人の経験や知恵を借りてもいい。

なにを追いかけるにしろ、本当になにかをとことん追求すると、次の2つのことが起きる。

- 意味のある幸せの形を見つける。
- 本で読むよりはるかに重要ななにかを見つける。語る価値のあるなにかを。

そしたらどうする？　もちろんそれを伝えなくちゃいけない。ありったけの情熱とスキルと決意をかき集めて伝えてほしい。あなたにしかできない方法で、それを伝えてほしい。新しい知恵に火をともし、それを広く遠くまで届けてほしい。

テクノロジー評論家のトム・チャットフィールドは以前、TEDに登壇してくれた。TEDのブルーノ・ジウサーニが他の登壇者へのアドバイスを尋ねると、彼はこう答えてくれた。

トークのいちばん素晴らしい点は、社会に大きなインパクトを与えられる可能性があることだ。これから話す短いトークが何十万人という人に届くってだけじゃなく、それをきっかけに数多くの会話がはじまることが魅力なんだ。だから僕のアドバイスは、できるだけ大胆で勇敢に、自分自身にハッパをかけて居心地のいい場所から外に踏み出し、確実なことやこれまでにだれかがすでに言ったことじゃなくて、無数の会話のきっかけになるような問いかけやインスピレーションを世界に提供してほしいってことだ。僕にとっては、正しいことや安全なことはあまり重要じゃない。大切なのは、この先にさらにアイデアを生み出すようなにかを提供するすごいチャンスがあるってことだ。

僕はこの言葉が大好きだ。世界を動かす力が自分たちにあるとみんなが自覚しているような未来を、僕は望んでいる。価値あるアイデアの種を植えることは、ひとりの人間が与えられる最大のインパクトだ。なぜなら、アイデアの種がきちんと植えられれば、つながりあった世界の中で、それは自然に広がるからだ。それが現在と未来に影響を与える人の数は限りない。

でも世界を悪いほうに動かす人についてはどうだろう？　パブリック・スピーキングはいい

ことにも悪いことにも使われるのでは？

確かにそうだ。人を扇動する政治家のデマゴーグから意地悪な皮肉まで、その証拠はたくさんある。

でも、いいことと悪いことが半々じゃないと思う。トークコンテンツが爆発的に増えると、いい方向に秤が傾くはずだ。その訳を説明しよう。

トークをきちんと聞いてもらうには、相手の立場になってこう言わなければいけない。「一緒になにかをつくろう」と。話し手はどうしてそのアイデアに価値があるのかを示す必要がある。話し手が歩み寄って、共通の価値、欲望、希望、夢に訴えなければならない。

このプロセスがひどく濫用されることもある。群衆が扇動される。憎悪が燃え上がる。間違った世界観がまるで本物のように宣伝される。歴史を振り返ると、聞き手が世界とのかかわりを失ったときに、必ずそれが起きる。その話し手の主張は万人に受け入れられるものでなく、同族にだけ受けるものだ。自分たち対彼らという構図が植え付けられる。そして重要な事実は隠される。

だけど、人間がもっと親しくつながり合っているとき、世界とお互いをすべて見渡せるとき、なにか別のことが起きる。そこでは、多くの人が共有している価値観や夢に触れた話し手がいちばん大きな影響力を持つことになる。それは、一部の人だけじゃなく、たくさんの人が本当だと思う事実に基づいて主張する話し手だ。

2人の宗教的な講演者が全世界に影響を与えようとしていると想像してみよう。そのうちのひとりは自分の宗教がほかのどんな宗教より優れていると訴え、みんなに改宗を強く勧めている。もうひとりは、彼の宗教のいちばん核になる価値観で、他の宗教にも共通するような、共感を訴えている。彼は共感について話すことに決め、他の宗教の信者も反応し感動してくれるような共通の言葉でそれを話そうと努力している。どちらの講演者のほうが潜在的に多くの聴衆を惹きつけ、どちらのほうが長期的なインパクトがあるだろう？

次は2人の世界的な政治リーダーを比べてみよう。片方はある人種の利益だけを訴え、もう片方は人類すべてに手を差し伸べている。どちらが最後により多くの支持を得るだろう？ 人間がどうしようもなく排他的で、心が狭く、差別的なら、後者の政治リーダーが勝つ見込みはゼロだ。

でも、僕はそうじゃないと信じている。人間の違いよりも共通点のほうが、はるかに意味があり、はるかに深い。僕らはみんな腹が減ったり、嘆いたり、苦しんだり、笑ったり、泣いたり、愛したりする。僕たちはみんな血を流す。夢を見る。みんな他人に共感し、相手の立場に立つことができる。そして先を見る目を持ったリーダーが、立ち上がってなにかを言う勇気を持ったただれかが、みんなの中にある人間性を引き出し、育てることができる。

この本のはじめのほうに、長期的には理性の力が勝つと僕は言った。理性というものはそもそも、個人の視点ではなく、人間全体の視点で世界を見ることを求める。理性は「自分のためにこうなってほしい」という主張を拒否し、「全員のためにこうなるべきだ」という主張を選ぶ。理性がその役目を果たさないとしたら、それは人間を同じ方向に向かせるための議論の共通通貨になっていなかったはずだ。

「リーゾナブルになって」（理性を持って）と言うのは、そういう意味だ。「もっと広い視点で問題を見てほしい」と言っているのだ。

理性の力が、ますますつながり合う世界に働くと、影響力のバランスは、同族だけではなく他のすべての人の立場に立てる話し手に傾くことになる。同族の利益を優先させる話し手は瞬間的に権力を握るかもしれないが、最後に勝つのはすべての人の立場に立てる人間だ。

だから僕は、マーティン・ルーサー・キングのこの言葉を強く信じている。「道徳の弧は長く、それは正義につながっている」。歴史は正しい方向に向かう。モラルは進化する。いつもの悪いニュースから一瞬、カメラを引いて全体を見ると、キング牧師のインパクトだけでなく、この数世紀の間に大きな進歩がなされたことがわかる。それはきっと続いていくはずだ。

お互いへの深い理解によって人間同士が親しくなるにつれて、人は、お互いが大切に思うことをそれぞれの視点で見ることを学ぶだろう。そうなれば壁はなくなり人々の魂はひとつになる。

それはすぐには起きないし、簡単でもない。このような変化には数世代が必要だ。もちろん、それを台無しにするような悲劇もたくさん考えられる。でも、みんながひとつになる可能性は絶対にある。

人間同士の対話は、変化を育むのに欠かせない。人間はお互いの弱さと正直さと情熱に反応するようにできている。ただし、それを見る機会が必要だ。今、僕たちにはその機会がある。行きつくところは、すごく単純だ。僕たちはこれまでにないほど物理的につながり合っている。ということは、これまでにないほど、最高のアイデアを共有する力があるということだ。

ＴＥＤトークから僕が学んだいちばんの教訓はこれだ。

未来はまだ決まっていない。僕たちはみんな一緒に、それをつくる過程の中にいる。

白紙のページがそこにある。

ステージもそこにある。

未来はあなたの貢献を待っている。

謝辞

どんなアイデアにも、生みの親がいる。この本のアイデアも例外じゃない。僕はＴＥＤの親しい仲間たちと、偉大なＴＥＤトークのエッセンスを理解するために、限りない時を共に過ごしてきた。ケリー・ストーツェル、ブルーノ・ギウサーニ、トム・ライリー。この本は僕だけでなく、彼らのものでもある。

僕たちは多くの世界最高の思想家や講演者の知恵を借り、そのアイデアを追いかけ、そのすべてを言葉にするよう努めてきた。スティーブン・ピンカー、デイビッド・ドイチェ、ケン・ロビンソン卿、エイミー・カディ、エリザベス・ギルバート、ダン・パロッタ、ダニエル・カーネマン、ブライアン・スティーブンソン、ダン・ギルバート、ローレンス・レッシグ、アマンダ・パーマー、パメラ・メイヤー、ブレネ・ブラウン、アラン・アダムス、スーザン・ケイン、スティーブン・ジョンソン、マット・リドレー、クレイ・シャーキー、ダニエル・デネット、メアリー・ローチ、ローリー・サザーランド、サラ・ケイ、リーブス、サルマン・カーン、バリー・シュワルツに感謝する。実際、ＴＥＤに来てくれたすべての登壇者から僕たちは学び、彼らがくれた贈り物に心の底から感謝している。講演者のコーチにも、感謝したい。ジーナ・

バーネット、アビゲイル・テネンバウム、マイケル・ワイツ、本当にありがとう。

TEDコミュニティの多くの長年の参加者は、この15年間TEDを支えてくれ、TEDがどんなものになりうるか想像する助けになってくれた。スコット・クック、サニー・ベイツ、ホアン・エンリケ、チー・パールマン、ティム・ブラウン、スチュワート・ブランド、ダニー・ヒルズ、シンディ・スティーバーズ、ロブ・レイド、アーチ・メレディス、スティーブン・ペトラネック……みんな最高だ！　その他にも書ききれないほどのメンバーがいる。

世界一忙しい人たちが、なんとか時間を見つけて初期の原稿に目を通し、ありがたいアドバイスをくれた。ヘレン・ウォーターズ、ミッチェル・クイント、ナディア・グッドマン、ケイト・トーゴブニック・メイ、エミリー・マクマナス、ベス・ノボグラッツ、ジーン・ハニー、ゲリー・ガーブルスキ、レモ・ギウフレ、ケロ・クブ、ジュリエット・ブレイク、ブルーノ・ボウデン、ライ・バークロフロ、ジェイムス・ホアキン、ゴードン・ガーブ、エリン・マッキーンに感謝する。

奇跡を起こしてくれる僕のエージェント、ジョン・ブロックマンと、偉大なエディターのリック・ウォルフ（リックは「偉大な」という形容詞を消したがっていたけれど、僕が断固として却下した）、決して疲れを見せないコピーエディターのリサ・サックス・ウォーホール、そしてホートン・ミフリン・ハーコートのチーム全員に温かい感謝を送りたい。みんなと仕事ができて楽しかった。

リチャード・ソール・ワーマン。あなたなしでは、なにもはじまらなかった。ジューン・コーヘンは、11年間もTEDに尽くし、インターネットにはじめてTEDトークを上げてくれた。マイク・フェミアとエミリー・ピジョンはデザインの指揮をとってくれた。TEDのチーム全員へ。すごい。とにかくすごい。僕はみんなの力に驚かされっぱなしだ。スーザン・ジマーマン、君には特に驚かされるよ！

大勢のボランティア翻訳者のみんな、TEDトークを世界に運んでくれてありがとう。何千、何万人のTED xボランティアのみなさん、みなさんが一つひとつのイベントに注ぎ込む情熱と能力に、僕は感動している。グローバルなTEDコミュニティへ。最後には、みんなに行きつく。みんながいなければ、数々の重要なアイデアが、今も埋もれたままになっていただろう。

僕の素敵な娘たち、エリザベスとアンナ。言葉にならないほど、2人を誇りに思っている。2人から多くのことを学んできたよ。そして最後に、自然の力に導かれて結ばれたジャクリーン・ノボグラッツ。ありがとう。100万回もありがとう。君の愛とインスピレーションに、感謝しない日はない。

訳者あとがき

私は昨年から大学で英語を教えている。はじめて50人近い学生の前に立ったとき、喉がカラカラになり、ひざが震え、頭が真っ白になった。原稿を書いて丸暗記していったのだけど、しばらく下を向いて話していたと思う。それも覚えていないほど、緊張していた。

人前で話すことは私にとって恐怖でしかない。教員になって1年以上経った今も、授業の前には食べ物が喉を通らない。これまでもずっとそうだった。結婚式のスピーチも、会議でのプレゼンテーションも、パネルディスカッションも、内輪のイベントで30秒挨拶するだけでも、死ぬほど緊張してしまう。いつも何カ月も前から原稿を書いて、丸暗記していく。即興で話すなんて、絶対に無理だ。実は以前に一度だけTEDxへの登壇を打診されたけど、悩んだ末に断った。そもそも自分の中に話すことがない。大勢の洗練された観客の目が自分に注がれると考えただけで恐ろしい。恥をかくのは目に見えている。

だけど、この本を最初から最後まで何度か読むうちに、もしかしたらこんな私でもできるかもしれないと、かすかな希望が心にともった。本当に。

著者のクリス・アンダーソンは、言うまでもなくTEDの代表者で、これまでに何百人という登壇者を助け、参加者の好奇心を刺激し、感動的なトークを世界中に拡散してきた。2001年にアンダーソンが引き継ぐまで、TEDは年に1回開かれるローカルなカンファレンスだった。これを世界的なイベントに押し上げ、トークにおけるイノベーションを起こし、価値あるアイデアを何億人もの心に植え付けたのは、アンダーソンの功績だ。

TEDの面白さは、トークの形式と登壇者の多様性にある。まず、制限時間は18分。18分で素人にわかるようにアイデアを伝えなければならない。演台はない。隠れる場所がないので、話し手のすべてが聞き手から見える。原稿もない。原稿やカードを手に持っている登壇者もいるけれど、基本的には観客のほうを向いて話す。ビジュアル素材はいくらでも使っていい。美しいスライドやめずらしい動画を見せてくれる登壇者も多い。服装はカジュアル。そして、登壇者はありとあらゆる分野からやってくる。テクノロジー、エンタテインメント、デザインだけでなく、今では教育、人権、医療、法律、芸術、そのほかにもハッとするようなアイデアを持つさまざまな背景の人がトークを披露する。

ヒットトークにはいくつかの特徴がある。ひとつはテーマの意外性だ。その好例が、スティーブン・ピンカーの「暴力にまつわる社会的通念」やバリー・シュワルツの「選択のパラドックス」、そしてダン・パロッタの「チャリティーに関する考え方は完全に間違っている」というトークだ。彼らのトークは、私たちがそれまで当たり前だと思っていたことを180度ひっくり返してくれる。もうひとつは、話し手が聞き手とつながりを築けるように注意深くトークを構成し、時間をかけて入念に準備していることだ。

TEDトークを見ていると、登壇者は生まれつき口達者で頭の回転が速くて、自信があって、いつどんな舞台に立たされても軽々とその場で洒落たことが言える人たちなんじゃないかと思ってしまう。みんな原稿なしで難なくトークをやってのけているように見える。ケリー・マクゴニカルも、ブレネー・ブラウンも、サルマン・カーンも、天性のスターみたいだ。でも、生まれながらのスピーチの達人なんて、実はほとんどいなかった。あのTEDのスターたちもまた、人前でしゃべることに恐怖を覚え、失敗するんじゃないかと怯え、原稿を丸暗記して何度も練習を繰り返し、恐怖を乗り越えて感動的なトークを完成させていた。

そして、あの感動を引き起こすには、いくつかのツールがあった。そのツールのすべてを、この本では公開してくれている。テーマのつくり方。観客とのつながりを築くためのツール。ストーリーを語るときのポイント。素人にわかるように説明するコツ。聞き手の考え方を変えるよう説得する際の手法。そして作品や仕事の見せ方。

アンダーソンは、トークの準備には、正しい方法と間違った方法があると言う。ビジュアルをどう使うか。原稿を書くか書かないか。暗記するかしないか。リハーサルはどうするか。冒頭と締めをどう決めるか。さまざまな手法のいい点悪い点を具体的に挙げながら、話し手にいちばん合う方法を選んでほしいと言っている。

準備ができたら次は本番だ。服装、メンタル、舞台設営、話し方と動作、フォーマットについて、ここでも例をあげながらそれぞれのトレードオフをこと細かに説明してくれている。もちろん、あがり症を抑える方法だって披露してくれる。

でも。最後にアンダーソンはこう言っている。大切なのは型じゃなくて中身だ、と。自分よりも大きななにかを追求し、その情熱と洞察を伝え合うことが大切なのだ。聞き手の心にアイデアの種を植えられたら、それは自然に伝播する。そして、私たちの未来は、そうしたアイデアの共有によって創られる。テクノロジーの進化によって、その過程に私たち全員が参加できるようになった。だからあなたにしかない問いかけやアイデアを世界に提供してほしい、とアンダーソンは訴えている。

そして、本書がほかのTED関連本と根本的に違うのは、人気のTEDスピーカーの生の声がふんだんに盛り込まれているところと、オンラインに載せられないような失敗トークを公開しているところだ。いくらTED形式のツールを駆使しても、中身がなかったり、自慢話をはじめてしまったりしたら、聞き手からそっぽを向かれてしまう。登壇者を慎重に選び、リハーサルを重ねるTEDでさえそんなトークもあるのかと驚くとともに、失敗トークの存在を明らかにしても「アイデアを提供する」ことの大事さを伝えたかったアンダーソンの思いが伝わってきた。

あの人気のＴＥＤスピーカーたちが、どれほどの時間をかけてトークを準備し、練習し、心を込めてそれを届けたのかを読むにつけ、彼らのアイデアがさらに大切な贈り物に思えてきた。世の中のスピーチ嫌いのみなさんにこそ、この本をおすすめしたい。

ＴＥＤ初の公式ガイドブックの翻訳という大切な役目を与えて下さった日経ＢＰ社の中川ヒロミ氏に心から感謝する。この本に出合えたおかげで、なんだか少しだけ上手に話せそうな気がします。

翻訳者　関　美和

付録　本書に登場するTEDトーク

章番号	講演者（スピーカー）	TEDトークのタイトル
1	モニカ・ルインスキー *Monica Lewinsky*	晒された屈辱の値段 *The price of shame*
1	クリス・アンダーソン *Chris Anderson*	クリス・アンダーソンが語るTEDのビジョン *TED's nonprofit transition*
2	ソフィー・スコット *Sophie Scott*	なぜ私たちは笑うのか *Why we laugh*
4	ロビン・マーフィ *Robin Murphy*	災害の救援に駆けつけるロボット *These robots come to the rescue after a disaster*
5,17	ケリー・マクゴニガル *Kelly McGonigal*	ストレスと友達になる方法 *How to make stress your friend*
5,13	ブレネー・ブラウン *Brené Brown*	傷つく心の力 *The power of vulnerability*
5	シャーウィン・ヌーランド *Sherwin Nuland*	電気ショック療法が私を救った *How electroshock therapy changed me*
5,17	ケン・ロビンソン *Ken Robinson*	学校教育は創造性を殺してしまっている *Do schools kill creativity?*
5	ダニエル・ピンク *Dan Pink*	やる気に関する驚きの科学 *The puzzle of motivation*
5	アーネスト・シロリ *Ernesto Sirolli*	人を助けたいなら黙って聞こう！ *Want to help someone? Shut up and listen!*
6	エレノア・ロングデン *Eleanor Longden*	私の頭の中の声 *The voices in my head*
6	ベン・サンダース *Ben Saunders*	南極に行って戻る―人生で最も厳しい105日 *To the South Pole and back - the hardest 105 days of my life*
6,12	アンドリュー・ソロモン *Andrew Solomon*	人生で最も苦しい経験から、自分らしくなる *How the worst moments in our lives make us who we are*
7	ダン・ギルバート *Dan Gilbert*	私たちが幸せを感じる理由 *The surprising science of happiness*
7	デボラ・ゴードン *Deborah Gordon*	アリにかける情熱 *The emergent genius of ant colonies*
7	サンドラ・アーモット *Sandra Aamodt*	なぜダイエットは成功しないのか *Why dieting doesn't usually work*
7,17	ハンス・ロスリング *Hans Rosling*	私のデータセットで、あなたのマインドセットを変えてみせます *Let my dataset change your mindset*
7	ディビッド・ドイチェ *David Deutsch*	説明を説明するための新しい方法 *A new way to explain explanation*
7	ナンシー・カンウィッシャー *Nancy kanwisher*	脳の神経が描く私達の思考 *A neural portrait of the human mind*
7	スティーブン・ジョンソン *Steven Johnson*	良いアイデアはどこで生まれる？ *Where good ideas come from*
7	ディビッド・クリスチャン *David Christian*	ビッグ・ヒストリー *The history of our world in 18 minutes*
7	ボニー・バスラー *Bonnie Bassler*	細菌はどうやってコミュニケーションするのか *How Bacteria "talk"*
7	スティーブン・ピンカー *Steven Pinker*	暴力にまつわる社会的通念 *The surprising decline in violence*
8	エリザベス・ギルバート *Elizabeth Gilbert*	創造性を育むには *Your elusive creative genius*
8	バリー・シュワルツ *Barry Schwartz*	選択のパラドックスについて *The paradox of choice*
8	ダン・パロッタ *Dan Pallotta*	チャリティーに関する考え方は完全に間違っている *The way we think about charity is dead wrong*
9	ディビッド・ガロ *David Gallo*	深海の生命について *Life in the deep oceans*

このリストにはTEDの以下のページからアクセスできます。 **www.ted.com/tedtalksbook/playlist**

9	ジェフ・ハン *Jeff Han*	画期的なタッチスクリーン *The radical promise of the multi-touch interface*
9	マーカス・フィッシャー *Markus Fischer*	鳥のように飛行するロボット *A robot that files like a bird*
13	メイスーン・ザイード *Maysoon Zayid*	私には99の問題がある—脳性まひは、そのひとつに過ぎない *I got 99 problems...palsy is just one*
13	ジェイミー・オリバー *Jamie Oliver*	子供たちに食の教育を *Teach every child about food*
13	ザック・エブラヒム *Zak Ebrahim*	テロリストの息子に生まれて—平和の道を選んだ軌跡 *I am the son of a terrorist. Here's how I chose peace*
13	アリス・ゴフマン *Alice Goffman*	私たちがどのように子供たちを大学または刑務所に送り込んでいるか *How we're priming some kids for collge - and others for prison*
13	エド・ヤング *Ed Yong*	自殺するコオロギ、ゾンビ化するゴキブリ、その他の寄生生物にまつわる話 *Zombie roaches and other parasite tales*
13	マイケル・サンデル *Michael Sandel*	なぜ市場に市民生活を託すべきでないのか? *Why we shouldn't trust markets with our civic life*
13	*V.S.*ラマチャンドラン *V. S. Ramachandran"*	心について *3 clues to understanding your brain*
13	ジャナ・レビン *Janna Levin*	宇宙が奏でる音 *The sound the universe makes*
13	アレクサ・ミード *Alexa Meade*	あなたの体は私のキャンバス *Your body is my canvas*
13	エローラ・ハーディ *Elora Hardy*	魅惑のバンブーハウス—竹の建築 *Magical houses, made of bamboo*
13	ディビッド・イーグルマン *David Eagleman*	人間に新たな感覚を作り出すことは可能か? *Can we create new senses for humans?*
13,17	エイミー・カディ *Amy Cuddy*	ボディ・ランゲージが人を作る *Your body language shapes who you are*
13,17	ジョン・ロンソン *Jon Ronson*	ネット炎上が起こるとき *When online shaming spirals out of control*
13	ビル・ストーン *Bill Stone*	世界で最も深い洞窟を探検する *I'm going to the moon. Who's with me?*
13	ダイアナ・ナイアド *Diana Nyad*	夢は決してあきらめるな *Never, ever give up*
13	リタ・ピアソン *Rita Pierson*	すべての子供に強い味方を *Every kid needs a champion*
13	エステル・ペレル *Esther Perel*	不貞の事実—誰かを愛したことのあるすべての人に *Rethinking infidelity... a talk for anyone who has ever loved*
13	アマンダ・パーマー *Amanda Palmer*	"お願い"するということ *The art of asking*
13	ブライアン・スティーブンソン *Bryan Stevenson*	司法の不公正について話さなければなりません *We need to talk about an injustice*
17	ジョージ・モンビオ *George Monbiot*	「再野生化」で世界の驚異を取り戻そう *For more wonder, rewild the world*
18	ローマン・マーズ *Roman Mars*	街の旗が、誰にも気づかれない最悪のデザインになる理由 *Why city flags may be the worst-designed thing you've never noticed*
18	ローレンス・レッシング *Lawrence Lessing*	皆で共和国本来の国民の力を取り戻そう *We the People, and the Republic we must reclaim*
18	ルーベン・マーゴリン *Reuben Margolin*	木と時間をあやつり、波をつくるアーティスト *Sculpting waves in wood and time*
20	The LXD	インターネット時代に、ダンスは進化する…… *In te Internet age, dance evolves...*
21	ダン・ダネット *Dan Dennett*	危険なミーム *Dangerous memes*

■著者

クリス・アンダーソン（Chris Anderson）

TED代表兼キュレーター。オックスフォード大学を卒業後、ジャーナリストとして活躍。100以上の雑誌やウェブサイトを成功させたのち、2001年に非営利団体のTEDを買収した。TEDの精神「広める価値のあるアイデア」を世界に広めた。米国ニューヨーク在住。

■訳 者

関美和（せき・みわ）

翻訳家。杏林大学外国語学部准教授。慶応義塾大学文学部・法学部卒業。ハーバード・ビジネス・スクールでMBA取得。主な翻訳書に、『ジョナサン・アイブ』(日経BP社)、『ハーバード式「超」効率仕事術』(早川書房)、『シェア』『MAKERS』『ゼロ・トゥ・ワン』(NHK出版)などがある。また、アジア女子大学(バングラデシュ)支援財団の理事も務めている。

TED《テッド》 TALKS《トークス》
スーパープレゼンを学ぶTED公式ガイド

2016年7月19日　第1版第1刷発行

著　者　クリス・アンダーソン
訳　者　関美和
発行者　村上 広樹
発　行　日経BP社
発　売　日経BPマーケティング
〒108-8646　東京都港区白金1-17-3
電話　03-6811-8650（編集）
電話　03-6811-8200（営業）
URL　http://ec.nikkeibp.co.jp/

装　幀　坂川朱音（krran）
編　集　中川 ヒロミ
制　作　アーティザンカンパニー株式会社
印刷・製本　中央精版印刷株式会社

ISBN978-4-8222-5165-9
Printed in Japan Jacket design by Mike Femia